古代歷史文化 研究輯刊

十九編

王明蓀 主編

第31冊

郭店楚墓竹簡《老子》書法研究（下）

蕭順杰 著

國家圖書館出版品預行編目資料

郭店楚墓竹簡《老子》書法研究（下）／蕭順杰 著 — 初版 —
新北市：花木蘭文化事業有限公司，2018〔民 107〕
目 2+192 面；19×26 公分
（古代歷史文化研究輯刊 十九編：第 31 冊）
ISBN 978-986-485-427-1（精裝）
1. 簡牘 2. 書法
618   107002324

ISBN-978-986-485-427-1

9 789864 854271

古代歷史文化研究輯刊
十九編　第三一冊　　　　　　ISBN：978-986-485-427-1

郭店楚墓竹簡《老子》書法研究（下）

作　　者　蕭順杰
主　　編　王明蓀
總 編 輯　杜潔祥
副總編輯　楊嘉樂
編　　輯　許郁翎、王筑　美術編輯　陳逸婷
出　　版　花木蘭文化事業有限公司
發 行 人　高小娟
聯絡地址　235 新北市中和區中安街七二號十三樓
　　　　　電話：02-2923-1455／傳眞：02-2923-1452
網　　址　http://www.huamulan.tw 信箱 hml 810518@gmail.com
印　　刷　普羅文化出版廣告事業
初　　版　2018 年 3 月
全書字數　196879 字
定　　價　十九編 39 冊（精裝）台幣 100,000 元　　版權所有·請勿翻印

郭店楚墓竹簡《老子》書法研究（下）

蕭順杰　著

目

次

第四章　郭店竹簡《老子》之文字結構探析

　　本章共分為四節，將就楚系文字構形的傳承與特質、楚簡《老子》中的文字構形分析、楚簡《老子》文字解體的特色和《老子》、太一生水書手的探討等做分析探索。

第一節　楚系文字構形的傳承與特質

　　歷經春秋五霸、戰國七雄的楚國，發展至戰國中晚期，國力正是由盛轉衰的時期。而以楚國為中心的楚系文字發展核心在江淮流域，當受南方外域「星羅棋佈小國」的文化影響，其文字雖然在華夏的文化基礎上，已融合了苗、彝等南方各民族的文化因子，形成有別於中原各國，發展成充滿活力且屬於自我具有浪漫色彩而成熟的文字體系，但仍然保留了許多和殷商西周文字相同或相似的字形，郭店一號楚墓竹簡即具有此一典型「六國古文」特性，可以清楚看出其與商周文字一脈相承的脈絡。

　　所謂「六國古文」，是指戰國時代秦（國）系以外，其餘楚、齊、燕、三晉等四系六個較大代表國的文字統稱。而漢代所稱的「古文」是泛指不同於當時的「古文字」，即所謂先秦的文字與秦漢時代傳抄的前代典籍文書資料。戰國五系之間，其文字存在有異有同，經過秦國兼併統一六國，罷黜「不與秦文合」的文字後，東漢許慎曾嘆云：「古文由此絕矣！」其所嘆及《說文解字》所收錄的古文字形，即與秦文有異的「六國古文」部分〔註1〕。

〔註 1〕　參見林進忠：〈「說文解字」與六國古文書迹〉，《藝術學報》，53 頁，國立臺灣藝術大學。

就書法文字而論，東周時期各諸侯國雖然均傳承自殷周古文，但因各國稱雄而分治、分流，使各國間之文字地域色彩鮮明，民國初年王國維即提出東西二土分系的說法，云：

> 「…篆文固多出於籀文，則李斯以前，秦之文字，謂之用篆文可也，謂之用籀文亦可也。則史籀篇文字，秦之文字，即周秦間西土之文字也，至許書所出古文，即孔子壁中書，其體與籀文篆文頗不相近，六國遺器亦然。壁中古文者，周秦間東土之文字也，然則史籀一書，殆出宗周文勝之後，春秋戰國之間，秦人作之以教學童，而不行於東方諸國…。」

又云：

> 「…孔子壁中書與春秋左氏傳，凡東土之書，用古文不用大篆，是可識矣，故古文籀文者，乃戰國時東西二土文字之異名，其源皆出殷周古文…。」〔註2〕

近幾十年來戰國時期古文字綿源不絕大量湧現，為學術界提供更多研究題材與資料。李學勤依照戰國各諸侯國，將其文字分為齊、燕、秦、楚、三晉等五系〔註3〕；而陳夢家亦把東周的銅器分為五系：

東土系：包含齊、魯、邾、莒、杞、鑄、薛、滕…等。

西土系：包括秦、晉、虞、虢…等。

南土系：有吳、越、徐、楚…等。

北土系：燕、趙…等。

中土系：含括宋、衛、陳、蔡、鄭…等〔註4〕。

此五系中，東、中、西三系為黃河流域，可謂正統華夏文化，北系為塞外，南系為江淮流域，因此南、北二系最易受外域文化影響。〔註5〕

此外，古文字學者何琳儀並不全然以地域或國家做分類，而是以國別、地域和文化間相互關係的「題銘」五分法，即一系之內可以是單一國家，如燕系文字、秦系文字；亦可包含有文化及地域關係的多個共同文化圈國，如

〔註2〕見《觀堂集林·卷五》，〈史籀篇疏證序〉、〈戰國時秦用籀文六國用古文說〉，刊錄於《新添古音說文解字注》附錄2～5頁，1998年10月，台北，洪葉文化。
〔註3〕參見李學勤：〈戰國題銘概述〉，《文物》，7～9期，1959年。
〔註4〕參見陳夢家：〈中國銅器概述〉，《海外中國銅器圖錄·第一集》二「地域」一節。
〔註5〕參見王初慶：〈字形的起源及其變遷〉，刊錄於《新添古音說文解字注》，附錄17頁，1998年10月，台北，洪葉文化。

齊系文字、晉系文字及楚系文字。其中楚系文字即以楚國爲中心的文化圈，除包括吳、越、徐、蔡、宋這些較大國家外，尚包含漢、淮二水之間星羅棋佈的小國。〔註6〕

由於西周建國初期在各地設立的諸侯國，各自爲政且經過長時期的發展，逐漸壯大，春秋時期在周王朝權力急遽衰落下，較強大的諸侯國無論政治、經濟、軍事迅速掘起，相繼稱霸爭雄，此一趨勢持續發展至戰國時期，強大諸侯國在不同地域的分據、分治，已使文化藝術地域特性頗爲鮮明，其文字風貌亦然。歷史有載的國家眾多，強大的諸侯國在政治、軍事、文化方面獨特發展，形成「諸侯力政，不統於王，惡禮樂之害己而皆去其典籍，分爲七國，田疇異畝，車涂異軌，律令異法，衣冠異制，言語異聲，文字異形〔註7〕」情況；其周邊弱小國各方面只能依附相鄰大國，文字面貌亦嚴重受相鄰大國的影響（詳見 4-1-1 古代文字演進表、4-1-2 楚系文字傳承表、4-1-3 戰國五系文字與殷周古文字對照表）。

表 4-1-1　古代文字演進表

朝代	殷	西周	春秋	戰國	秦	漢
			（東周）			
年代	BC1766	BC1122	BC770	BC475	BC221	BC206
文字	甲骨刻辭 金文 墨書	甲骨刻辭 金文 墨書	列國文字	五系文字 秦、楚、齊、燕、三晉（韓趙魏）	秦文字	漢文字
字體	甲骨、金文…（大篆）……分化五系　　秦系文字…秦篆…古隸…八分 六國古文……（秦罷用而絕）					

表 4-1-2　楚系文字傳承表

朝代	殷	西周	東周楚國 （化分為戰國五系之一）		楚國滅亡	秦國
年代	BC1766	BC1122	BC770～BC475		BC223～BC221	
文字	甲骨刻辭 金文 墨書	甲骨刻辭 金文 墨書	楚系文字		秦代文字 （楚文字因秦罷用而絕）	

〔註6〕參見何琳儀：《戰國文字通論》135頁，1984年4月，北京，中華書局。
〔註7〕許慎：《說文解字・序》。

　　古代文字演進並非由某種字體直接轉換某種字體，而是因人的書寫習慣不同且經過長時期由大量文字傳抄者不斷的傳抄結果，才得以不斷的演化推進，例如由殷商的甲骨文至戰國分化為五系文字即經過長達一千多年漫長歲月的累積（詳見「古代文字演進表」），茲就其演進狀況概略表述如下：

殷・康丁〈甲骨文〉

左圖為康丁甲骨文，1929 年 11 月於小屯村北出土之骨片，字形大小不一且多瑣碎，筆畫尖銳。

殷代・〈亞字形金文〉

　　上圖亞形金文出土數量甚多，殷代以大墓為中心的墓室作亞字形，此亞形內似一人屈手取皿中物形，象形會意字，為殷末期之物。

殷・〈大兄日乙勾兵〉

　　上圖大兄日乙勾兵為殷代後半期古式戈，於河北省保定縣出土，殷人以干支命名為習尚，除末行外，排列有致，書體端莊嚴整。

殷·〈小臣艅犧尊〉

小臣艅犧尊於 1821～1850 年間在山東省壽長縣梁山出土，深具史料價值，為殷商末期經略東方的重要史證。字體大小粗細變化自然，且多為象形，橫劃左傾，律動性極強。

西周初期·〈大豐殷〉

左圖〈大豐殷〉為清代金石學家陳介祺在關中所得，稱聃敦。字體橫劃右傾，佈字有行無列，字有大小粗細變化，行之中軸線不筆直，錯落有致。

西周初期·康王·〈大盂鼎〉

西周中期·〈靜殷〉

西周中期時排列佈字已趨形式化，已有字距與行距間隔，字形、筆劃雖然仍保有大小、粗細變化，但行列齊整，字體勻整，屈曲肥筆已少（見左圖靜殷）。

上圖〈大盂鼎〉於 1821～1850 年間出土，為西周時期金文代表作。書法強勁有力，此時期筆劃、字體仍有粗細有大小變化，但文字排列已趨向端整，行列分明，為裝飾性書體。

西周後期・宣王・
〈毛公鼎局部〉

西周後期・
〈楚公𣏗（家）鐘〉

西周後期・厲王・
〈散氏盤〉

上圖〈毛公鼎〉清道光（1821～1850）末年於陝西省岐山縣出土，爲現存金文字數最多之器物，32 行，497 字。文字大小、粗細自然，字體古拙，似西周初期風格。

上圖器物〈楚公𣏗（家）鐘〉爲楚國之物，2 行 16 字，文字有大小、粗細變化，保有西周書法遺意，末二「永」字變體奇特。

上圖〈散氏盤〉清朝初期出現（實際出土不明），佈字雖有行列，但結字較寬鬆，顯得凌亂；字體古拙奇肆，線條規整，文字右傾，大小自然。

春秋・〈魯白愈父鬲〉

左圖〈魯白愈父鬲〉爲齊器，時代未確定，約爲春秋中期。字體端莊嚴整，線條勻淨。

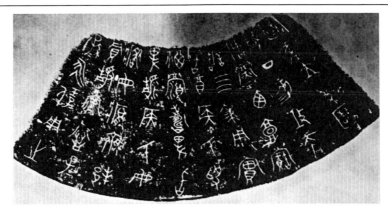

春秋、〈國差𦉢〉BC589

　　上圖〈國差𦉢〉爲東方齊器，10 行 53 字，於平面之本器肩上鑄作扇形，文字隨扇形排列，裝飾味濃。爲典型齊字，書法較欠凝練，但具有西周後期餘韻，此銘文字古趣樸拙，疏闊不如秦公**段**；與下圖同時期的秦公**段**比較，可以看出齊秦東西二系字形的分化差異。

春秋中期・〈秦公**段**〉

　　上圖〈秦公**段**〉民國初年於甘肅省天水縣出土，字體近似〈石鼓文〉，結字緊密，線條峻挺，字體大小、欹正自然。

　　右圖〈邵鐘〉爲鐘鼎文字中字最小者，出土於清咸豐、同治年間（1851～1874）山西滎河縣后土祠旁之河岸。共 9 行 86 字，書法精妙，風格接近石鼓文和籀文。

春秋末期〈邵鐘〉

春秋〈王孫遺者鐘〉	〈齊子仲姜鎛〉・春秋末期	〈智君子鑑〉・戰國初期
〈王孫遺者鐘〉於湖北省宜都山中出土。字形細長而欹正，線條流動細挺，佈字排列端整，為有意識表現美感的書法。	清同治九年（1870）四月於山西榮河縣后土祠旁河岸崩墜時出土，文字細挺峻拔，筆劃流暢，字形均整略長，縱勢頗具氣勢。	1938 年於河南省輝縣發現二晉器之一，銘文在器內側，字形端整，起筆方、圓並用，筆劃提按甚大，尤其君、弄二字粗細差距極大。
 〈楚帛書〉	左圖〈楚帛書〉為戰國時代隨葬物品，是楚巫的重要文獻。記述四時、五正、五木觀星、行火、年月、宜忌關係。書法筆劃遒健並向左右伸展，字形端整偏扁，起、收筆圓頓樸拙，因使用不同媒材及書寫姿勢因素，有別於楚簡側鋒爽利線條。	

〈石鼓文〉・春秋末期
〈石鼓文〉

〈瑯琊臺石刻〉・秦

石鼓大小略有差異，大致高約三尺，直徑約二尺，字體大小約一寸二分，全文7百字以上，現所見拓本不過272字。

石鼓文浙江省寧波范氏天一閣藏宋拓本為世所知最古之拓本，惟於清朝咸豐十年焚燬。上圖為明代安國所藏北宋拓本後勁本，現存石鼓文無出其右者。安氏酷愛石鼓文，藏有古拓本十種，因此自號十鼓齋，其中有北宋拓前鋒、中權和後勁三種，惜已流落日本。〔註8〕

秦統一天下後（219 年）所刻，現原石所存文字 13 行 86 字。為始皇帝歌功頌德文章，相傳為秦相李斯書，與〈泰山刻石〉普遍被認為是小篆的標準，由石刻文字觀察，其特點為：左右對稱、線條粗細均勻、婉轉流暢。然而從大量出土的〈睡虎地秦簡〉、〈青川木牘〉等秦篆書寫墨跡觀察比較，石刻文字與筆寫墨跡文字存有明顯差異，林進忠曾言：「其實秦簡牘文字，正是秦的唯一字體，即秦國的文字與書法實相，而秦刻石、碑版、虎符、秦印的篆形，是由戰國筆書秦篆的古形文字結構，加以規整化制成，並非秦篆文字與書法之本相。」〔註9〕又說：「秦代的書法實相應是如同〈睡虎地秦簡〉與馬王堆〈五十二病方〉上所見者，不會是秦刻石文字。」〔註10〕

〔註 8〕參見《書道全集・第一卷》，161～217 頁，民國 89 年 4 月，台北大陸書局。
〔註 9〕林進忠：〈傳李斯刻石文字非秦篆書法實相──戰國秦漢篆隸書法演變的考察〉，《藝術學》研究年報第四期，32 頁，1990 年 3 月。
〔註10〕同上，48 頁。

〈泰山刻石〉・秦	二十六年詔十六斤權・秦
秦統一六國後（219 年）所刻，所使用之文字，即所謂的小篆，傳爲秦承相李斯書。與〈瑯琊臺石〉刻並稱秦代小篆的代表。原石發現於宋代，當時文字磨滅已甚，其後又埋入土中，明代掘出時，僅存 29 字。	所謂權即重量的標準；量爲容量的標準，此權如銘文所記，爲秦統一天下後，於始皇帝廿六年（221B.C.）統一度量衡所頒詔文。

表 4-1-3　戰國五系文字與殷周古文字對照表

	馬	長	言	金	中	尚	得	徒	周	右	余
殷周	甲骨 金文（馬）196	甲骨 金文（長）	甲骨 金文（言）264	金文（鐘）96 西周 榮鐘	西周中義鐘仲姞鬲	甲骨 金文（尚）	甲骨 金文（得）18 西周丼人女鐘	甲骨 金文（徒）	甲骨 西周獸鐘	甲骨 西周柞鐘	甲骨 西周單𤲬鐘
秦											

晉										
齊										
楚										
	郭尊德	郭老甲	郭老甲	郭語四	郭老甲	郭語二	郭老甲	包 2.242	郭窮達	郭老丙	郭太一
	曾 150	郭性自	郭成之	包 2.146	郭唐虞	郭窮達	郭語三	曾 211	包 2.65	曾 145	郭尊德
											包山
燕										

　　由表 4-1-3「戰國五系文字與殷周古文字對照表」所舉隅的字例觀察，東周戰國時代的文字雖然分化為五系，各系間文字並非全然均異，亦有相同的字例，而且五系文字皆傳承自殷周，某些文字仍然與殷周相同或近似，林師進忠曾說：「六國古文的各系及秦系文字，即是同源分流發展而來，彼此之間必然是有同有異。〔註11〕」試分析如下（參見 4-1-3 戰國五系文字與殷周古文字對照表）：

　　「馬」：五系與殷周皆不相同，但彼此互有異同；秦、晉、齊三系間與楚、燕二系、殷周均不相同；燕系與楚系近似。

　　「長」：秦系與殷周、各系均不相同；晉系雖然與各系和殷周不同，但仍保有某些相似特質；齊系與殷周相同，與楚、燕系近似；楚系與燕系各具特色，與殷周和齊系近似，與秦、晉系不同。

　　「言」：五系與殷周略有差異，但本質相同，楚系不作豎畫。

　　「金」：秦、齊、燕三系相同，與殷周亦相同，與楚系有同有異，與晉系不同；晉、楚二系互異，與秦、齊、燕三系亦異，與殷周也異。

　　「中」：秦、晉、齊三系相同，與殷周亦同，與楚系有同有異，與燕系不相同。

　　「尚」：五系均相同，與殷周亦相同；燕系字下二短橫為飾筆。

〔註11〕林進忠：〈楚系簡帛墨跡文字的書法探析〉，《海峽兩岸楚文化學術研討會論文集》，129 頁，2002 年 1 月 18～19 日，國立歷史博物館。

「得」：秦、晉二系相同，與殷周不同，與齊、楚、燕三系不同；齊、燕二系近似，與其他三系和殷周皆異。

「徒」：晉系獨異，與殷周亦異；秦、齊、楚、燕四系相同，與殷周本質相同。

「周」：晉、楚二系獨異；秦、齊二系相同，與殷周亦相同；燕系與其他四系略異，與殷周亦略異。

「右」：楚系與其他四系及殷周有異有同，秦、晉、齊、燕四系相同，與殷周亦相同。

「余」：秦、晉、燕三系相同；齊系獨異；楚系與秦、晉、燕三系有異有同；五系與殷周皆不相同。

戰國楚系文字與其他四系之文字系出同源，皆承襲自殷周古文，雖然因分治、分流發展為五系，但各系之間文字並非全然不同，而是互有異同，與殷周古文亦是有同有異有，有典型楚系文字特徵的郭店楚墓竹簡文字即保有此種通性及例證。

第二節　楚簡《老子》的文字構形分析

戰國古文皆承襲自殷周，其中範圍含括楚、晉、燕、齊四系的六國古文較雜亂無章，而秦系文字相對較穩定是學界普遍認同的看法，其因素與六國分布地域廣闊、文字資料內容材質寬博、時代先後混雜有關。縮小範圍以楚系簡帛文字為例，其文字構造規則並非雜亂無章；再縮小時間距離，其構成文字的偏旁是規律的，出土字數較多的〈包山楚簡〉與〈郭店楚簡〉等均可佐證〔註12〕。本節試就〈郭店楚簡〉中《老子》的文字構形略加分析。

表 4-2-1　楚簡《老子》文字構形與殷周、秦系的異同舉隅

	子	保	見	民	棄	為	僕	身
殷周	金文(鼎) 180	金文(盤) 156	甲骨	金文(鼎) 180	甲骨	金文(盂) 38	金文(盨)	金文(盨)

〔註12〕參見林進忠：〈楚系簡帛墨跡文字的書法探析〉，《海峽兩岸楚文化學術研討會論文集》，129 頁，2002 年 1 月 18-19 日，國立歷史博物館。

楚（老子）	 1.1.1-24	 1.1.2-13	 1.1.2-11	 1.1.19-17	 1.1.1-3	 1.1.2-1	 1.1.2-14	 1.1.3-21
秦	 秦簡6	 秦簡7	 秦簡6	 秦簡6	 龍崗秦簡	 龍崗秦簡	 秦簡5	 龍崗秦簡
與殷、秦異同	同	同	同	與商周同與秦略異	異中有同	異	異	異

楚系竹簡《老子》的文字傳承自商周（詳見第四章第一節），文字構形許多仍保留與商周相同，而楚亡後文字由同是承襲自商周的秦系所傳衍。在文字構形上，竹簡《老子》有楚系獨有的構形特色，亦有與商周及秦系相（似）同的文字構形（見楚簡老子文字構形與殷周、秦系的異同舉隅字表）。例如，舉隅字表中

相同的：「子」、「保」、「見」三字，竹簡《老子》與商周和秦系均相同；「民」字，竹簡《老子》與商周相同，秦系略有不同於楚系及商周。

同中有異的：「棄」字，商周和秦系相同，竹簡《老子》則異中有同，其上端之倒立「子」形與下端之雙手「廾」形相同，字中間之「」形省略，《說文》古文所收錄的形與竹簡《老子》相同。

不同的：「爲」字，竹簡《老子》與商周和秦系均不相同；「僕」、「身」二字，秦系與商周相似，竹簡《老子》獨異。

由以上文字構形的舉隅分析得知：「帶有獨特地域色彩的楚系文字有其獨有的文字構形，與商周及秦系的文字構形有異有同，亦有異中有同或部件異同的情形」。

戰國列國文字因分治而衍化帶有濃厚地域色彩的五系文字構形，其中屬於南方楚系的竹簡《老子》文字構形有些是各系所通見，有些則是楚系所獨有者，因數字繁多以下僅試列舉通見於各系的「其」字和楚系所獨有的「歲」字及「弗」字三例略予說明：

一、通見於楚系的「其」字

近數十年以來，出土的戰國文字資料可謂綿延不絕的湧現，東周文字的研究已等同顯學，對古文字之研究並已獲致相當豐碩的成果。「楚系」是指已獲得學術界普遍認同，依照東周地域將春秋戰國各國文字所歸類的五個系

統，即東方的齊系、西方的秦系、南方的楚系、北方的燕系及中央的三晉，由李學勤於 1959 年提出〔註 13〕。

近五十年來，經由考古發掘不斷有楚系簡帛文字出土，目前已知至少有三十一種，總字數達十餘萬字。「楚系文字」包含東周楚文化圈相關的各諸侯小國，主要是楚國與隨（曾侯）之文字〔註 14〕。

從「𠔉」形「其」字於東周五系中，齊、燕、晉、秦四系皆有，楚系則少見（見表 4-2-2），楚系多以兀、兀通假作「其」（見表 4-2-4）；秦系「其」字皆從「𠔉」形，作「丌、元」形僅見睡虎地秦簡兀（日乙 257）數例，齊、燕、晉三系則二者皆可普見（見表 4-2-3）。

「丌、元」二形「其」字爲東方六國，即齊、燕、楚、晉四系所普見的文字，其中尤以楚系的「其」字，從出土資料觀察，無論是曾侯乙墓竹簡、楚帛書、包山、望山、上博…等楚簡多數均作兀形，少數作兀形，爲楚系特殊現象（見表 4-2-4）。即使秦統一天下施行「書同文」政策，律定全國使用秦文，秦系文字傳至漢初（如馬王堆）仍然可見楚系文字餘韻，如從「其兀」的「基坛」字（馬王堆老子乙 176）。

表 4-2-2 　東周五系「其」字形體表〔註 15〕

齊系	(璽彙 0260)		(陶彙 3.827)		(3.1080)
燕系		(貨系 2863)			
晉系	(魚顚匕母)		(溫縣 12)	(璽彙 2864)	(令狐壺)	(中山王鼎)
	(中山王方壺)	(中山王圓壺)	(楚王酓章鎛)	(鄂君車節)	(曾樂律鐘 290.4)	(者氵刀鐘)

〔註13〕 參見李學勤：〈戰國題銘概述〉，《文物》1959 年 7 至 9 期。

〔註14〕 林進忠：〈楚系簡帛墨跡文字的書法探折〉，《海峽兩岸楚文化學術研討會論文集》2002 年 1 月 18-19 日，國立歷史博物館。

〔註15〕 字形引自何琳儀：《戰國古文字典》上冊，26、27 頁，2007 年 5 月重印第 3 版，大陸北京，中華書局。

楚系	（郭·緇35）		（上·一·孔9）	
秦系	（石鼓汧沔）	（璽彙1649）	（陶彙9.38）	（青川牘）

表4-2-3　東周五系「几、丌、亓」字形體表〔註16〕

	几	丌	亓	
齊系		（子禾子釜）	（璽彙025）	（陶彙3.733）
燕系	（貨系2798刀）（2799）（燕王戈）（貨系3196刀）		（古幣295）（襄安君鉈）（九年將軍戈）	
晉系	（璽彙3429）（侯馬315）	（行氣玉銘）（璽彙4003）4004（貨系1083布尖）（陶彙6.216）（中山王圓壺）	（侯馬）（溫縣3）（璽彙4007）（貨系1605布方）（1607）（兆域圖）	
楚系	（天星306）（包山260）	（包山210）（213）（隨縣2）	（信陽1.017）（望山2.1）（2.6）（包山4）（7）（81）（帛書甲1）（帛書乙3）（帛書丙1）（曾樂律鐘）	
秦系			（睡虎地日乙213）（257二例）	

表4-2-4　「其『几、丌、亓』」字形體表

	晉系						齊系		楚系1				
	侯馬盟書	溫縣	璽彙	貨系	中山王壺	兆域圖	陶彙／璽彙	子禾子釜	曾樂律鐘	隨縣	曾侯	望山	包山
几													2.146 2.260

〔註16〕字形引自何琳儀：《戰國古文字典》上冊，21、下冊1190頁，2007年5月重印第3版，大陸北京，中華書局。

丌	315	4003	1083				2	205	2.91
元		3		1605	3.733 253		322.5		二·13	2.7

	楚系 2										
	信陽	九店	郭店	上博	新零	新甲	新乙	天策	磚	常	秦	帛書
几												
丌			兀 老甲7	兀 一·孔3								
元	元 一·029	元 56.26	元 老甲4	元 一·性32	元 338	元 3.112	元 3.36	元 370.2	元 1	元 99.7	元 乙2.16	

「其」字在甲骨文裡是以 形的「箕」字作假借，而 形則爲「箕」的本字，文字尚不隱定形體多樣（見4-2-5 字形體表）。先秦貨幣文與古璽亦有作从竹之 、 形，中間省略 形。晉系侯馬盟書、古陶文及楚系包山則分別作 、、 形，爲東方六國所通見的「其」字，而楚系「其」字大多皆用 、 形。郭店楚簡《老子》甲、乙、丙本和《太一生水》「其」字亦均作 （甲3-24）（乙9-9）（丙1-7）（太一11-7）形，茲就「丌」「元」「箕」「其」略述如下：

（一）現今所用之「其」字

「其」字，它的本字爲箕籭的「箕」字，「箕」字形體有 甘、其、筟、、箕、丌、元等多樣。何琳儀云：

> 「其，甲骨文作 （乙3400），象籭箕之形。箕之初文。西周金文作 （沈子它簋）或作 （作冊睘卣）、（窦鼎）、（師虎簋），漸演化 。丌亦聲。春秋金文作 （魯伯邎）、（申鼎）。戰國文字承襲兩周金文。或加丌，或省丌，或省作 、、，或加飾筆作 。秦系文字作 其、、，亦頗有特點。…戰國文字其，多爲代詞，或連詞。」[註17]

〔註17〕何琳儀：《戰國古文字典》上冊，27頁，2007年5月重印第3版，大陸北京，中華書局。

在甲骨文裡，█形象籤箕的形狀，是「箕」的本字，經過長時間傳抄轉化从丌。戰國文字雖然承襲兩周金文，但因東周王室式微，七雄鼎立，各有屬於其自有民族地方文化特色，文字自不例外。「其」字形體作「丌」形或加飾筆、或作省形等狀況不一而足，而早於西周及春秋已見加「丌」形，如█（虢季子白盤）。「其」字省形作「丌」或「亓」，爲六國古文的一大特點，茲就「箕」字形體臚列如下：

表 4-2-5　█字形體表

甲骨文	金文	古陶文	先秦幣文	侯馬盟書	楚文字	睡虎地秦簡	古璽	馬王堆帛書	漢印	石刻篆文	汗簡	古文四聲韻
（甲662）	（母辛卣）	（5.30）	（39）	（1:1）	（包山138）（包山220）	（日甲25背）4例	（3108）	（陰甲261）	（箕胡臣）	（泰山刻石）	（其時）	（古孝經）
（乙7672）	（伯盂）	（文物1966:1）	（58）	（200:12）	（帛書甲1-26）221例（廿八星宿漆書）	（效1）		（出005）	（箕大）	（祀三公山碑）	（箕）	（道德經）
（京都1845）	（王孫鐘）	（36）		（1:30）11例	（郭·緇35）（望山木烙印）	（日乙48）			（魏其邑臣）	（袁敞碑）	（尚書）	（碧落文）
（佚269）	（毛弔盤）	（47）		（1:46）47例	（信2.021）（上·一孔9）	（其為18）		（公其壽王）		（石碣汧殹）	（史書）	（林罕集）

「箕」字甲骨文☐（京都 1845）、☐（佚 269）二形加了二手持箕簸之形；金文☐（王孫鐘）、☐（毛弔盤）字下已加如基座之形；古陶文☐（36）省竹編之交乂形、☐（47）則僅存基座之形；先秦幣文☐（39）、☐（58）二形字中省略☐形，已見竹旁；侯馬盟書字形較不隱定，有作☐（1：1）、☐（200：12）、☐（1：30）11 例、☐（1：46）47 例；楚文字雖多作「丌」或「亓」形，然亦有例外如楚帛書☐（廿八星宿漆書）、望山木烙印☐、信陽楚簡☐（2.021）即加竹旁，郭店楚簡・緇衣作☐、☐（35）、上博・一☐（孔 9）形；秦系睡虎地秦簡還是作☐（效 1，221 例）形較多，作从竹旁如☐（日甲 25 背，4 例）較少；古璽☐（3108）字中亦省略☐形，从竹旁；漢印基本「箕」、「其」已有區別，如☐（箕胡臣）、☐（箕大），☐（魏其邑臣）、☐（公其壽王）；石刻篆文秦系文字明顯，如☐（泰山刻石）；傳抄古文汗簡、古文四聲韻秦系文字如☐（其時）、☐（古孝經）及楚系文字如☐（道德經）、☐（史書）皆收錄，亦見从竹旁☐（尚書）之形。

《說文解字・卷五上》：「☐，簸也。从竹，☐象形，下其丌也，凡箕之屬皆从箕。居之切。☐古文箕省。☐亦古文箕。☐亦古文箕。☐籀文箕。☐籀文箕。」先秦貨幣文、楚簡、秦簡、古璽和汗簡等見从竹从丌之☐或☐形，為「箕」的省形，何琳儀說：「☐，从竹，丌聲。箕之省文。《集韻》箕，古作☐。」〔註18〕。于省吾於〈釋其〉・《甲骨文字釋林》裡說：「甲骨文的其字作☐、☐、☐等形，均作虛詞用。在甲骨文中其字是最常見的字，但它的音義和用法，自來還沒有明確的詮釋。〔註19〕」而高鴻縉詮釋較于省吾明確，於《中國字例二篇》中說：「按☐原象編竹之形。後加丌為聲符作☐。後☐字又借為語詞。或代名詞。乃如竹為符作箕以別之。故☐其箕實為古今字。〔註20〕」如此即說明了原來象竹編之☐形的「箕」字演化之後加了「丌」作為聲

〔註18〕何琳儀：《戰國古文字典》上冊，25 頁，2007 年 5 月重印第 3 版，大陸北京，中華書局。

〔註19〕收錄於《古文字詁林》第四冊，710 頁，2004 年 10 月，大陸上海，上海教育出版社。

〔註20〕收錄於《古文字詁林》第四冊，709 頁，2004 年 10 月，大陸上海，上海教育出版社。

符，後被借走當作語詞或代名詞的「其」字，於是又於字上加竹符成了從竹的「箕」字。秦統一前，六國「箕」、「其」字形別體眾多，即便秦統一天下罷黜六國文字，漢初抄本「丌」形仍然可見。而後「其」字形體已趨穩定，直至現今皆沿用傳承自秦系的「其」字，誠如何琳儀所說：「秦系文字作**其**、**冀**、**箕**，亦頗有特點」。

（二）象形的「丌」字

表 4-2-6　丌字形體表

甲骨文	金文	古陶文	先秦貨幣文	古幣文	睡虎地秦簡	古璽	漢印	石刻篆文	汗簡	古文四聲韻
	丌（欽罍）	丌（秦419）	丌（21）	八（刀弧背寰滄）	亓（日乙257）	亓（0253）			丌（石經君奭）	丌（丌基）
	亓（繼惡君鉼）	丌（秦418）	八（31）	亢（刀弧背寰滄）	亓（日乙213二例）	亓（5204）				
	亓（子禾子釜）	丌（秦841）	八（36）	丄（刀尖亞5.7）		丌（4725）				
	亓（中山王嚳）	丌（6.7）	丌（35）	亓（布方北亓邑）		丌（4717）				

「丌」字由形體省察爲明顯像置放物品的基座象形字，其形體甲骨未見，爲金文「其」字漸次演化而來，何琳儀即說：「其，…。西周金文作**其**（沈子它簋）或作**其**（作冊**睪**卣）、**興**（**歗**鼎）、**其**（師虎簋），漸演化從**丌**。丌亦聲…」〔註21〕

「丌」字既爲基座側面之形象形字，基座腳亦作背勢弧形如**八**（刀弧背‧冀滄）等，作直線形如先秦貨幣文**丌**（21），倒立之形如古幣文**丄**（刀尖亞5.7）則較特殊，亦有加短橫劃爲飾筆如**亓**（子禾子釜）。屬於秦系的睡虎地

〔註21〕何琳儀：《戰國古文字典》上冊，27頁，2007年5月重印第3版，大陸北京，中華書局。

秦簡作 **亓**（日乙 257）形，可能因地理位置受楚文字影響。

　　《說文解字·卷五上》：「**丌**，下基也。薦物之丌，象形。凡丌之屬皆从丌，讀若箕同。居之切。」「丌」字段玉裁《說文解字注》：「字亦作亓，古多用為今渠之切之其；墨子書其字多作亓，亓與丌同也。」〔註 22〕段氏明確指出「丌」、「亓」是同一字，戰國古文楚系「其」字多數均使用「丌」或「亓」形。何琳儀亦說：

> 「商周文字作一形，後演化為 **━━**、**丌** 等形。參其作 **𣄰**（叔向父簋）、**𣄰**（九年衛鼎）、**𣄰**（仲師父鼎），奠作 **𢍻**（乙六五八三）、**𤰝**（令簋）、**𤰝**（叔向簋）。凡此可證，丌本象放置器物的基座之形。丌金文作 **丌**（欽罍）。戰國文字承襲金文，或加飾筆作 **亓**。⋯丌、亓在戰國文字中均讀其（參其字）多為代詞。」〔註 23〕

丌、**亓** 本系同一字，經過傳抄演化為二形，**亓** 加飾筆短橫劃與字義無關，**丌** 是置物基座的側向象形字，於東周時期均用於代名詞的「其」字。盛子敬於《釋丌·學風七卷五期》裡說：

> 「因為丌是記人類最初的史蹟，算是人類的始基，所以可以訓下基。⋯丌其兩字意同，不過有繁簡的分別罷了，後人通用其字。考後人所用其字，只是用來記語音的，至多只是訓代名詞用的。⋯說文丌下又說：『薦物之丌象形。』但我以為造字在先，後人仿字形來造器；並不是先有這種器具，而古史家仿器形來造字。縱然在造象形字的時候，已有丌字，那麼丌字便是象形的了；但是經哲學整理後，已成為指事的丌了。〔註 24〕」

盛子敬認為「丌、其兩字意同」是可以肯定的；但以為「造字在先，後人仿字形來造器；並不是先有這種器具，而古史家仿器形來造字」其說法可再商榷。

〔註 22〕 《段氏說文解字注》，207 頁，民國 74 年 8 月 5 日再版，台北，文化圖書公司。
〔註 23〕 何琳儀：《戰國古文字典》上冊，21 頁，2007 年 5 月重印第 3 版，大陸北京，中華書局。
〔註 24〕 收錄於《古文字詁林》第四冊，713 頁，2004 年 10 月，大陸上海，上海教育出版社。

（三）「𠘧」與「丌」的關係

從以下「几」字形體表觀察，「几」字形體少且先秦古文未見。包山楚簡作**ᗷ**形亦爲僅見；《古文四聲韻》除《汗簡》作**𠘧**形明顯「几」字外，其餘三形均已傳抄失眞；另三形則屬秦以後隸體。而於〈「丌」字形體表〉僅見二例「几」形，因此，可以肯定**𠘧**形較**丌**形少，爲較後出現之形體。

表 4-2-7　𠘧字形體表

包山楚簡	**ᗷ**（2.146）、**ᚼ**（2.260）
古文四聲韻	**ᚻ**（汗簡）、**ᚼᚻ**（竝王存乂切韻）、**𠘧**（汗簡）
	ᚹ（老子乙前 13）　**ᗰ**（武威簡・有司 5）　**几**（熹、儀禮・有司）

《說文解字・卷十四上》：「𠘧，踞几也。象形，周禮五几，雕几，彤几，髹几，素几，凡几之屬从几。居履切。」馬敍倫則對《說文解字》提出不同見解，認爲𠘧、丌是同一字，因爲「形變」一分爲二，在《說文解字六書疏證・卷二十七》裡說道：「吳穎芳曰：『一垂以象𠘧，形變則爲丌也。』鈕樹玉曰：『繫傳韻會雕作彫。』倫按丌一字，踞几也非本訓。周禮以上校語，字或出字林。〔註25〕」

若以象形字來看待「丌」形，它像茶几的「几」或是置物的基座的側面圖形，眾所皆知，古代置物的基座（如茶几）形狀多種，有腳與几面齊平者如先秦貨幣文𠘧（36），有几面寬出腳者如古陶文丌（6.7），有几面兩端上彎者如古陶文丌（秦419）；另几腳有直形、弧形、長、短等各種形態不一而足，無疑「丌」「几」即是同一字。

馬敍倫又在《說文解字六書疏證・卷九》裡說道：「徐灝曰：『丌與几形聲義皆相近，疑本一字，因草跡小異，岐而二之。』倫按徐說是也〔註26〕」。

〔註25〕收錄於《古文字詁林》第十冊，618 頁，2004 年 10 月，大陸上海，上海教育出版社。

〔註26〕收錄於《古文字詁林》第四冊，713 頁，2004 年 10 月，大陸上海，上海教育出版社。

「兀」、「几」疑爲同一字，先秦貨幣文「兀」形作 ⊓（21）、八（31）、八（36）、门（35）等形體，以這四例形體觀察，⊓（21）、门（35）這二例與兀形接近；而八（31）、八（36）二例與几形一致。「兀」或「几」應只是書寫時二筆豎畫與橫畫兩端的銜接位置不同罷了，豎畫與橫畫兩端銜接與否及是否作背勢彎曲則與書者的書寫習慣或傳抄的版本依據有關。再觀察古陶文 兀（秦419）、〒（秦418）、兀（秦841）、〒（6.7）這四例，二筆豎畫均作短形，由形體上看神似置物基座之矮桌或茶几側面圖。兀和几爲一字二分，且「形、聲、義皆相近」，古時讀音相似（近）是文字假借的因素。因此，「兀」形作「基」或「其」或「几」使用是約定俗成的自然現象。

（四）楚系「基」字

楚系「基」字均在「其」字兀、亓形下作從土坖形，茲臚列如以下字表：

表 4-2-8　「基」字形體表

甲骨文	金文	古陶文	楚簡	馬王堆帛書	漢印	石刻篆文	汗簡	古文四聲韻
凶（合集6572）	𠀆（子璋鐘）	坖（鐵雲150.3）／亢（璵萃4.26）	坖（包山2.168）／坖（郭語4.14）	垂（易039）／坖（經046）／坴（老乙178）／墺（馬‧陰甲156）	墨（弓基印信）	八墨（石經君奭）	坖（汗簡）	亞（汗簡）

《說文解字‧卷十三下》：「𡋫，牆始也。從土，其聲。居之切。」郭沫若《卜辭通纂》謂：「凶，方國名，凶字羅釋爲箕。案，當是基之異，從土基聲，𡋫方疑即箕子所封邑之箕。〔註27〕」「基」字土形置於「其」下，此形土置於「其」上，古文偏旁左右或上下易置習見且無別，徐中舒《甲骨文字典‧卷十三》即有云：「凶，合集六五七二，從土在𠙸箕上，當是基之原字。

〔註27〕收錄於《古文字詁林》第十冊，211頁，2004年10月，大陸上海，上海教育出版社。

古文字偏旁變動不居，土旁在上與在下無別。疑會以箕盛土之意。〔註 28〕」古文「其」字多作「箕（）」或「丌」形，戰國楚系則多數作「丌」、「亓」形，故「基」字於亓下加土如包山楚簡、郭店楚簡均作形；齊系古陶文作（鐵雲 150.3）形；《汗簡》作形；秦系文字傳至漢初馬王堆亦作（易039）、（經 046）此形，顯然留有楚系文字遺韻；石刻篆文「基」作字形，為六國古文。黃錫全《汗簡注釋・卷六》道：「基，古寫本多作，夏韻錄《汗簡》作，此少一畫。子璋鐘作，古陶省變作（陶 13.88），馬王堆漢墓帛書《老子》作。〔註 29〕」「基」字亦見土形置於左側如漢初秦系馬王堆老子乙作（178）形，商承祚《江陵望山一號楚墓竹簡疾病雜事礼記考釋・戰國楚竹簡彙編》曰：「，即基，通禖、祺。〔註 30〕」漢初馬王堆陰甲一例從十從其作（156）形，為典型秦系文字。

　　楚系文字常予人一種帶有神秘、奇異感覺，主要緣於秦統一天下兼併六國且罷黜其餘六國文字，後世秦漢文字傳承自秦系文字之故。東周時期從「」形「其」字於秦系最為普遍，齊、燕、晉系亦普見，楚系幾近均以或作通假，為楚系文字特殊的狀況；齊、燕、晉三系二種字形皆可見，秦系僅睡虎地秦簡「丌」字作（日乙 257）形，可能因地理位置受楚系影響。

表 4-2-9

老子甲						
	4-4	4-13	5-14	7-31	8-32	9-7
	9-12	9-17	15-23	21-23	23-14	24-23

〔註 28〕收錄於《古文字詁林》第十冊，211 頁，2004 年 10 月，大陸上海，上海教育出版社。

〔註 29〕收錄於《古文字詁林》第十冊，211 頁，2004 年 10 月，大陸上海，上海教育出版社。

〔註 30〕收錄於《古文字詁林》第十冊，211 頁，2004 年 10 月，大陸上海，上海教育出版社。

元 25-7	元 25-20	元 25-29	元 26-7	元 27-13	元 27-16
元 27-19	元 27-22	元 27-25	元 27-28	元 30-8	

老子乙	元 2-6	元 9-9	元 13-2	元 13-5	元 13-12	元 13-15
	元 14-2	元 14-10	元 16-20	元 16-13	元 17-3	元 17-10
老子丙	元 1-7	元 1-12	元 1-16	元 2-6	元 5-3	元 12-16

二、楚系特有的「歲」字

表 4-2-10　　「歲」字形體表

甲骨文	金文	古陶文	楚文	睡虎地秦簡	古璽	漢印	汗簡	古文四聲韻
(餘 1.1)	(利簋)	(3.1)	(包 2.2)	(效 20) 112 例	(0289)	(萬歲單三老)		(古尚書)
(明 2235)	(召鼎)	(3.2)	(帛甲 4.7)	(日乙 55)	(4425)	(任萬歲)		(崔希裕纂古)
(龜卜 37)	(毛公鼎)	(3.5)		(效 30)	(0205)	(朱萬歲)		
(粹 13) (1325)	(子禾子釜)	(3.13)		(法 127)	(4427)			

　　楚系文字有其地域的特殊性，除東方六國特有而楚系多見的「其」字外，「歲」字亦甚特殊，均作「从月」■形，少數作「从日」■形，為楚系所特有，其字形與《說文解字》「从步」■形有別。茲就「歲」字形體狀況及在楚系的書寫形體臚列說明：

（一）「歲」字形體狀況

　　《說文解字‧卷二上》：「■，木星也。越歷二十八宿，宣徧陰陽，十二月一次。从步，戌聲。律歷書名五星為五步。相銳切。」由「歲」字形體體察，僅古璽■（0205）一例出現从月之歲，此形與帛書■（甲4.7）形相同，楚系文字特徵明確。此从月之「歲」羅振玉指陳當為歲月之「月」的本字，从戌从月。其於《殷虛書契考釋》中曰：

> 「■■（歲）。从步。戌聲。說文解字作戌聲。卜辭中又有■字。
> 亦作■。以歲字例之。當為歲月之月本字。作月者。日月之本字。
> 然卜辭中凡某月已借用日月之月。而罕用本字之■矣。〔註31〕」

羅振玉指陳甲骨文裡的■、■形，字形从戌、从月，當是歲月的「月」字。「歲」字王襄在《古文字流變臆說》亦說道：

> 「…契文之歲作■，與小篆同，或从■，从■，或作■、■，為歲
> 之異文、省文，或作■、■，為歲之變體。歲从步，為二止，止古
> 文作■，太保敦降之偏旁備作■，■之■殆即■形，止，許訓「下
> 基也」，象草木出有阯，故以止為足。古文之止，實象人之足跡形，
> ■為足形之簡體，■即■之異文，■所从■，為戈■之合文，■
> 即■之變，子禾子釜作■，陳猷釜作■，古陶作■，均與契文同。
> 惟从■之歲，僅見於殷世，後世則不傳耳。」〔註32〕

王襄對■、■形「歲」字从■與■為像人足跡二趾「■」形的形變解說合乎邏輯；又說「从■形之歲僅見殷世，後世則不傳」，然而省察楚系「歲」字形體，除望山楚簡、相公子矰戈二例从日作■（戠2.1）、■形外，餘均作

〔註31〕收錄於《古文字詁林》第二冊，269 頁，2004 年 10 月，大陸上海，上海教育
　　　　出版社。

〔註32〕收錄於《古文字詁林》第二冊，269 頁，2004 年 10 月，大陸上海，上海教育
　　　　出版社。

从月之形（見字表二）。（明藏 343）形爲甲骨文的「月」字，楚系「歲」字所从之「月」均作形，「从月爲歲的異文」。楚系形或爲「歲」的別字，何琳儀即云：

> 「歲（），甲骨文作（粹 1325）。从月，戉聲，歲之異文。春秋南系金文作（攻敔臧孫鐘）。戰國楚系文字承襲春秋金文。月旁偶作日旁（）。」〔註 33〕

甲骨文「歲」之異體字有作从月（粹 1325）形，春秋南系金文攻敔臧孫鐘「歲」字亦作从月之形。戰國五系文字以地域分屬東、北、西、南、中，以齊、燕、秦、楚、三晉爲代表的五大系，而楚國地處南蠻，文字承襲自異體甲骨文暨南系春秋金文均作从月之形（見表 4-2-11），軌跡昭顯，於文字傳承中亦形成楚系所特有的狀況。

表 4-2-11　楚系「歲」字形體表

（鄂君啓車節）	（畬肯鼎）	（畬忎鼎）	（包 2.12）	（信 1.03）	（常 1）	（秦 1）	（天卜）	（望 1.34）
（帛乙 5.12）	（新甲 1.3）	（新乙 1.16）	（新零 1.13）	（郭・太 3）	（九・五六.99）	（望 2.1）		（相公子矰戈）

（二）東周五系「歲」字形體比較

「歲」字依照何霖儀《戰國古文字典》整理分析，除燕系未見外，其餘齊、三晉、楚、秦等四系皆見（見表 4-2-12），且各有其獨特地域文字風貌。「歲」字齊系作（陳純釜）形，从匚、从步、从戈；三晉系作（4426）形，从、从止、从戈；楚系作形（望山 1.5），从止、从戈、从月（偶作从日，如相公子矰作形、望山形）；秦系作（睡虎 96）形，从步、从戌。四大系中以秦系爲漢字所傳承緣由，最爲眾人熟識；从月之形僅見於楚系最爲特殊，而齊、晉二系字形亦有其地域特殊性，並與秦系均作从步之共通性。

〔註 33〕何琳儀：《戰國古文字典》下冊，897 頁，2007 年 5 月重印第 3 版，大陸北京，中華書局。

表 4-2-12　東周五系「歲」字形體表〔註 34〕

齊系	陳璋壺	陳喜壺	陳[illegible]鐘	陳純釜	子禾子釜	璽彙 0289	陶彙 3.5	3.14			
燕系											
晉系	㚔氏壺	璽彙、4426、4427、4428									
楚系	楚王酓元鉈鼎	楚王酓忎鼎	鄂君舟節	大府鎬	[illegible]陵君鑑	養陵戈	璽彙 0205	信陽 1.03	望山 1.5	望山 2.11	相公子矰戈
秦系	璽彙 0629	4493	十鐘 3.10	睡虎 96							

三、造形獨異的「弗」字

郭店楚墓竹簡《老子》甲本 4 至 12 簡有 7 個近此「」形之「弗」字，此「」形之「弗」字甚爲特殊，和傳世所見「弗」字字形完全不同，與同本 17 到 33 簡所出現 9 個此「」形之「弗」字亦不相同，即使與同時地出土其他《老子》乙、丙本、《緇衣》、《五行》……等十五本典籍內之「弗」字字形（除了與《成之聞之》、《尊德義》、《性自命出》、《六德》同相類似外）亦無一相似。出現此「」形「弗」字頗值探究。許愼《說文解字・卷十二下》：

> 「弗，矯也。《段氏說文解字注》：各本作撟。今正撟者，舉手也。引申爲高舉之用。矯者，揉箭箝也。引申爲矯拂之用。弗之訓，矯也。今人矯皆作拂。而用弗爲不，其誤蓋久矣。从丿从乀皆有矯意。从韋省。韋者，相背也。故取以會意。謂或左或右皆背而矯之也。〔註 35〕」

依段氏對《說文解字》的注解：「弗」即是「矯」。「矯」釋示作「撟」，可引申作「手高舉」之狀；而「矯」又有解釋爲「揉箭箝」，用作「矯拂」的意思。

〔註 34〕字形引自何琳儀：《戰國古文字典》下冊，895、896 頁，2007 年 5 月重印第 3 版，大陸北京，中華書局。

〔註 35〕《段氏說文解字注》，651 頁，74 年 8 月 5 日再版，台北，文化圖書公司。

「弗」本意即有訓示爲「矯」，但現今的人已盡將「矯」當作「拂」用；把「弗」當「不」使用，而這種錯誤的使用已經很久了。「弗」從∫和從乀都有「矯拂」的意思。用作「相違背」，有會意解釋作左右相背離而「矯拂」使其爲正的意思。而吳其昌《金文名象疏證》認爲此形〔弗〕是弗的最初本字〔註36〕。

「弗」字甲骨文作〔弗〕、〔弗〕、〔弗〕、〔弗〕、〔弗〕等形，殷商時期所出現多作「〔弗〕」。金文有〔弗〕、叔皮父殷作〔弗〕、易鼎作〔弗〕、召卣作〔弗〕、毛公鼎作〔弗〕、師望鼎作〔弗〕、舀鼎作〔弗〕等，金文多作「〔弗〕」，叔皮父殷與易鼎直畫上部出現裝飾性飾（贅）筆。古鉩作〔弗〕、〔弗〕，第一例於二直畫上、下均有飾（贅）筆，另一例飾（贅）筆僅作右邊，「己」形末端作下垂狀。壺文作〔弗〕，此形與古鉩第二字例相同，「己」形末端亦作下垂狀。侯馬盟書作〔弗〕、〔弗〕，第一例飾（贅）筆作右上邊，第二例於右下邊作飾（贅）筆。中山王器作〔弗〕，此形與古鉩第二例字形寫法相同，字態長形疏朗。楚帛書作〔弗〕，「己」形作回勾呈「弓」字狀。包山楚簡作〔弗〕、〔弗〕、〔弗〕、〔弗〕，第一、二例字形同甲骨文、金文，「己」形未作回勾狀，第三、四例則作長回勾呈「弓」字狀外，並於「弓」字形回勾畫上加一粗點飾（贅）筆，此一粗點位置與古鉩、壺文、侯馬盟書、中山王器加短撇於右直畫下段不同，這種粗點出現於楚系文字，是目前所見楚文字特有的狀況。睡虎地秦簡〔弗〕及其他秦簡作均〔弗〕、〔弗〕、〔弗〕，「己」形均有回勾呈「弓」字狀，惟未穿過右邊直畫下段，此字形一致，當今所見

〔註36〕以形體象狀轉變之迹言之：殷墟書契前編卷七頁二十一有〔弗〕字，即爲「弗」字最初之本字，象雙矢下向，繳帶繞附之狀，至爲明顯……。由此〔弗〕形幾經省變，將其鏃鏑、羽形以次汰落，但存矢之播籥，下繞繳帶，於是遂成叔皮父殷之〔弗〕字。與此叔皮父殷相同者，尚有魏正始石經「弗」之古文作〔弗〕。正與金文之〔弗〕字處於同一地位，而爲自字至字之過度字矣。此形體演變之大略也。……説文云：「弗，矯也。從∫從乀韋省。」按説文又云：「矯，揉箭箝也。」知矯與箭有密切關係。增繳之「繳」又讀若「繳繞」之「繳」……。增繳之繳，而讀成繳繞時，則與「矯」字紐部俱同，又係一音。故知「矯」與「繳」字，亦有若干關係。「弗」字之〔己〕象繳帶而説文以「矯也」訓之，不能謂爲絕無故也。又説文以爲「弗」字之〔己〕，以韋爲之，故云「從韋省」，雖似與字林「生絲爲繳」之説不合，而尚不離其類……。收錄於《古文字詁林》第九冊，914、915頁，2004年10月，大陸上海，上海教育出版社。

的漢字傳承自秦系文字，「弗」字自不例外。秦漢印作![印]，字形除了變爲「繆印篆」外，與秦系文字並無二致。馬王堆《老子》甲作![字]、銀雀山漢簡作![字]、武威漢簡作![字]，許慎《說文》作![字]等，均傳承自秦系文字軌跡清晰可見。三體石經古文作![字]、篆文作![字]，第一例古文字形與金文叔皮父![段]的「![字]」相仿。由「弗」字的演進變化看，出現裝飾性贅筆於春秋至戰國期間。

在梳理「弗」字的演化傳承後，審視郭店楚墓竹簡的「弗」字，《老子》甲本 4 至 12 簡有七個「弗」字有作此「![字]」形，上部像「女![字]」形，下部如「又![字]」形，酷似作「![字]」形之「奴」字，已有訛變的狀況。同本 17 到 33 簡「弗」字出現九個作此「![字]」，「己」形均有未作回勾，此形承襲自商周的甲骨文與金文昭顯。《老子》乙本出現一例作![字]，明顯傳承自金文。《老子》丙本出現二例，一例作![字]，亦是傳承自金文，另一例作![字]，與古鉩相同多一短撇的飾（贅）筆畫。《太一生水》未出現「弗」字。《緇衣》有六例「弗」字作![字]，近似金文，「己」形作短回勾。《魯公問子思》無「弗」字。《窮達以時》出現一例作![字]，「己」形向右下轉折。《五行》出現六例，各有三例作![字]，仍存金文形；另三例作![字]與楚帛書相近，但回勾均於右直畫之內。《唐虞之道》出現九例，均作![字]，字形中段「己」形訛作反「匚」形，與古鉩「![字]」形接近，二直畫作二右斜筆不同，字上和字下左右的飾（贅）筆統一變成短撇畫。《忠信之道》出現八例，除第八字作![字]與《唐虞之道》九例相同外，其餘七例均作![字]，形態與《唐虞之道》相近，惟二右斜筆訛變成分段不連貫，此一現象應是書手傳抄錯誤。《成之聞之》、《尊德義》、《性自命出》、《六德》等四種典籍分別出現十二例、五例、四例、四例，均作![字]，此形與包山楚簡寫法相同，「己」形作回勾向左下方拉一長直畫呈「弓」字形，回鉤中間亦有典型楚文字所特有的粗點飾（贅）筆，這四篇典籍的「弗」字風格性一致、書寫用筆的特性和書寫習慣亦一致，傳抄的書手應是同一人。《語叢一》出現二例，一字作![字]，除「己」形的起筆多一直畫外，寫法和金文相若；另一字作![字]，傳自古鉩、壺文、中山王器銘等形跡可見。《語叢二》無「弗」

字。《語叢三》出現二例，第一例作 ，第二例作 ，此二例的「己」形起筆與《語叢一》第一例「」一樣均多一直畫，與金文叔皮父設「」有些相似處；而第二例右下部和古鉥的「」形、中山王器的「」形及壺文的「」形相似，不是在「己」形的回勾向左下拉一長直中間加一粗點或短撇，此二字形傳承脈絡可能同源。《語叢四》出現三例，第一例作 ，與甲骨文、金文相同；第二、三例作 ，「己」形回勾作「弓」字狀，和楚帛書字形相似，向右上傾斜幅度甚大。

　　《老子》甲本中的七例「弗」字前六例作「」，二直畫置於「己」形（已訛化呈「弓」字形）之外，而向左下方向拉的回勾轉折點亦內縮於右直畫之內，左邊直畫收筆向右內勾，右邊直畫則向右下方斜出；另第七例「」的右直畫在「弓」形上轉折點之內向右下斜出於「弓」形回勾轉折點之外，上部若「女 」字下部似「又 」字，字形近似「奴 」字。此七例的回勾均加一短捺飾（贅）筆和包山楚簡的「」、《成之聞之》、《尊德義》、《性自命出》、《六德》計二十五例的「」回勾加粗點有些相似及關連性。

　　「奴」字於郭店楚墓竹簡出現六例均在《老子》甲本，如表 4-2-13。

表 4-2-13

8-26	9-1	9-8	9-13	9-18	9-23

「奴」字許慎《說文解字・卷十二下》：「奴、婢皆古辠人，周禮曰：『其奴男子入于辠，女子入于舂槀』」。《段氏說文解字注》云：

　　「秋官司厲文，鄭司農云謂：「坐爲盜賊而爲奴者，輸於罪隸舂人槀人之官也」。由是觀之，令之爲奴婢古之罪人也。……從女又，男女皆在焉，故從女又，所以持事也，會意乃都切五部。〔註37〕」

由段氏注解來看，「奴」字爲會意字，是古代的男女罪人。說文作 ，說文古文從人從女作 ， 從女從戈，婦官〔註38〕。甲骨文作 、，似一手形和

〔註37〕《段氏說文解字注》，640 頁，74 年 8 月 5 日再版，台北，文化圖書公司。
〔註38〕許慎：《說文解字》卷十二下，107 頁，日本岩崎氏藏宋刊本，上海商務印書館縮印

一跪地人形。金文一作 ![字] 手置於女下，另一作 ![字] 形，手置於右方，而此金文 ![字] 字下多十字形。古鉨作 ![字]、![字]，手皆置於女下。古幣文作 ![字]，手亦置女下，手與女之豎畫貫穿連接。古陶文一作 ![字]，从人从女；一作 ![字] 形，女下之手變爲寸形。睡虎地秦簡作 ![字]（17.135）、![字]，前一例又形多一筆。包山楚簡三例作 ![字]、![字]、![字]，一例如同金文手置于女下，另二例則和古陶文同爲从人女形。先秦幣文作 ![字]，手形亦置女下。高奴權作 ![字]、相馬經 ![字]、滿城漢墓銅燈 ![字]、流沙簡 ![字]（10.7）均又形多一筆，許氏所作《說文》篆形應是源自於此。以上，「奴」字有从女又形，有从人女形。从女又形者結字甲骨文、金文、睡虎地秦簡、高奴權、相馬經、滿城漢墓銅燈、流沙簡均作左右排列，其餘則作上下排列，郭店楚簡《老子》甲「奴」字也是作上下排列形。

　　由字形觀之，此「![字]」形與「奴 ![字]」字雖然相若，惟只有出現一例；而此「![字]」形出現有六例，和二十五例的「![字]」接近，應是書手據以傳抄之字形近於此形，傳抄過程經過一段時間後演化訛變所衍出，此字應爲「弗」字無誤，文物出版社對郭店楚墓竹簡《老子》甲本的「![字]」釋讀爲「弗」字應是可信的〔註39〕。相同於「己」（弓）形回勾筆畫中加短捺或粗點如「凡」、「不」等，或字上加橫畫如「下」、「其」等，或字下加橫畫如「上」、「至」等裝飾性之贅筆僅見於楚系文字，爲典型楚文字特有表徵。同爲《老子》甲另有九例「弗」字字形承襲自甲骨文、金文作此「![字]」是一有趣現象，可能是書手據以傳抄版本緣故。

　　有意思的是張家山前漢簡蓋廬以 ![字] 形爲「我」字，義字作 ![字]（此形亦見《汗簡》墨翟書作 ![字]〔註40〕），弗形與金文叔皮父 ![字]「![字]」和三體石經古文之 ![字] 形似。

〔註39〕荊門市博物館：《郭店楚墓竹簡・老子・甲》，111 頁，1998 年 5 月，大陸北京，文物出版社。

〔註40〕見劉心源：《矢人盤・奇觚室吉金文述卷八》「魏都有薌陽鄉，考晉姜鼎我字作 ![字]、![字]、![字]，形似弗，墨翟書蓋从古文我寫者。整齊書之，故成弗。…」收錄於《古文字詁林》第九冊，995 頁，2004 年 10 月，大陸上海，上海教育出版社。

　　審視以上郭店楚簡「弗」字，處於戰事頻仍動盪時代的東周時期楚系文字並不統一，一部份仍保留有甲骨文和金文的形態，但大部份隨著時代轉進訛化變形，成爲帶有濃郁地域色彩的楚文字風格。郭店楚墓竹簡十六種典籍計出現「弗」字計有八十一例，僅有十三例傳承自殷商作「我」形未發生訛變，佔百分比 16‧04％，另有六十八例分別演化訛變約十種形態，佔百分比83‧95％強，可見由西周至東周幾百年間文字的傳抄過程中不斷在發生演化訛變，即使至秦代統一文字後仍然在持續進行演化直至印刷術普遍使用才趨緩或停止，此一狀況乃傳抄過程常因書手個人文字學養、情性及書寫習慣等諸多因素所致，是爲自然現象，也因此漢字才得以歷經不同時代演化有甲骨、篆、隸、草、行、楷等風貌多樣的字體，成就璀璨輝煌浩瀚的書法史頁。

表 4-2-14　郭店楚簡「弗」字表（字下之數字為簡號）

	老子甲	◆ 4	◆ 4	◆ 4	◆ 7	◆ 7	◆ 7	◆ 12		
		◆ 17	◆ 17	◆ 18	◆ 18	◆ 18	◆ 27	◆ 27	◆ 33	◆ 33
1-2	老子乙	◆ 9								
1-3	老子丙	◆ 7	◆ 14							
2	太一生水									
3	緇衣	◆ 19	◆ 19	◆ 31	◆ 31	◆ 44	◆ 46			
4	魯公問子思									
5	窮達以時	◆ 2								
6	五行	◆ 7	◆ 7	◆ 8	◆ 38	◆ 39	◆ 42			

7	唐虞之道	1	2	3	11	11	15	19	19	20	
8	忠信之道	1	2	5	5	6	6	6	27		
9	成之聞之	4	5	6	10	11	13	13	15	21	21
		24	84								
10	尊德義	19	26	29	33	33					
11	性自命出	6	37	47	48						
12	六德	7	16	17	19						
13	語叢一	58	74								
14	語叢二										
15	語叢三	1	5								
16	語叢四	15	19	21							

第三節　楚簡《老子》文字結體的特色

　　郭店一號楚墓年代約於戰國中晚期，相當於公元前四世紀中葉至公元前三世紀初，根據墓葬規格墓主屬於「士」級貴族階層。古人有「事死如事生」的習慣，從出土包含七弦琴、車馬器、禮器、生活用具、生產用具、裝飾品、兵器及竹簡等器物，反映出墓主生前的音樂雅好、社會地位、學識思想與動

盪社會的現實狀況；墓主生前熟讀並擁有此批十六種典籍竹書，必然是位博學多才之士〔註41〕。

竹簡《老子》甲、乙、丙本爲此批隨葬十六種典籍其中一種（三本），與《太一生水》同屬道家典籍，其書法字形爲典型楚國文字，字體典雅、秀麗，是戰國中晚期的精品〔註42〕。

竹簡《老子》書法不僅精彩、秀雅，微觀細研其文字結體亦頗具楚系文字書法的特色，包含「移左右爲上下的文字結體」、「置上下爲左右的文字構形」、「左右高低錯落的偏旁排列」及「其他排列的文字構形」等「部件易位」的情形，歸納表列如下：

一、移左右爲上下的文字結體：（不含辶旁字形）

所謂移左右爲上下的結體，是指文字的偏旁本來作左、右的排列者較多而常見，惟傳抄（書寫）者爲美觀或書寫限制，而有意識的給予重組改變作上、下的排列，有作左旁於下、右旁於上及作右旁移下、左旁置上情形。金文中亦有作上下之例，如「嫣」字陳侯壺■作左右排列，而陳侯鼎則作■上下排列。

（一）左旁移下、右旁置上情形（如表 4-3-1）

《老子》甲本字形作左旁移下、右旁置上情形，如三個「浴」水旁移下谷旁置上、三個「溺」水旁移下弱形置上、「清」水旁移下青旁置上、五個「法」水旁移下去形置上、二個「此」止旁移下匕旁置上、二個「惻（賊）」心旁移下則形置上、二個「悔（謀）」心旁移下母旁置上、「懌」心旁移下睪形置上、「僞」心旁移下爲形置上、「惕」心旁移下易旁置上、一個「怡（始）」心旁移下台形置上、二個「訧（始）（一個假作殆）」言旁移下台形置上、二個「唯」口旁移下隹旁置上、二個「福」示旁移下畐旁置上、「繆（穆）」糸旁移下穆形置上、「畔」田旁移下半旁置上、「端（尚）」立旁移下尚形置上、「精」米旁移下青旁置上、「樸」木旁移下業旁置上、「頌」公旁移下頁旁置上、「賸」具旁移下益形置上、「均」土旁移下勻旁置下等。

〔註41〕詳見荊門市博物館：《郭店楚墓竹簡·老子·甲》，54 至 55 頁，2002 年 10 月，大陸北京，文物出版社。

〔註42〕荊門市博物館：《郭店楚墓竹簡》，1 頁，1998 年 5 月，大陸北京，文物出版社。

《老子》乙本亦有將左旁移至字下、右旁易置字上情形，如四個「纓」糸旁移下嬰形置上、二個「褮（畏）」示旁移下畏形置上、「唯」口旁移下佳旁置上、「憂」心旁移下頁旁置上、「愉」心旁移下俞形置上、「植」木旁移下直旁置上等。

《老子》丙本將左旁移至字下、易置右旁於字上情形有：「味」口旁移下未形置上、「悤（哀）」心旁移下衣旁置上、「壤（萬）」土旁移下萬形置上「坪」土旁移下平形置上、「丈（侮）」人旁移下矛旁置上、「悤（畏）」心旁移下畏形置上、「恨」心旁移下畏旁置上、「詞（始）」言旁移下台形置上等。

表 4-3-1（左旁移下、右旁置上情形）

2-25 浴	3-4 浴	3-11 浴	8-12 溺	33-22 溺	37-10 溺	10-4 清
23-1 法	23-3 法	23-5 法	23-7 法	31-7 法	6-13 此	15-22 此
1-14 惻（賊）	31-12 惻（賊）	25-12 悔（謀）	25-18 悔（謀）	9-14 憚（釋）	13-18 悔	16-2 惕
17-19 怡（始、怡）	19-25 詞（始）	20-12 詞（殆）	17-31 唯	18-14 唯	31-28 福（富）	38-24 福
						21-10 繆（穆）
30-19 畔	10-20 端（尙）	34-10 精	9-19 樸	8-23 頌	35-1 贍	19-23 均
老子乙	6-18 纓	6-9 纓	6-13 纓	15-14 纓	5-3 褮（畏）	5-9 畏
	4-12 唯	4-11 憂				

—171—

11-22 愉	14-23 植					
老子丙						
5-5 味	10-3 㤕（哀）	13-22 㮇（萬）	4-11 坪（平）	1-18 㑄（侮）	1-14 愄（畏）	12-4 㓪（始）

（二）左旁移上、右旁置下情形（如表 4-3-2）：

《老子》甲本將左旁移上、右旁置下情形有：「夜」亦旁移上夕旁置下、六個「奴」女旁移上又旁置下、「㮇（柔）」矛旁移上求形置下、「好」女旁移上子旁置下、「㪔（樸）」菐旁移上又旁置下等。

《老子》乙本左旁移上、右旁置下情形，二個「勳（勝）」將乘形移至字上力旁置於字下。

《老子》丙本左旁移上、右旁置下情形：有「叡（且）」麤形移上又旁置下、「勳（勝）」乘形移上力旁置下二例。

此種「移左、右為上、下」的文字結體特色是字形縱向取勢、緊密紮實。字形以此方式作結體，可能受限於竹簡的寬度，《老子》甲、乙、丙本竹簡寬度在 0.4 至 0.6 公分之間，於有限的寬度下欲將有二個以上的偏旁組合結體成字自然是以上、下縱勢組合方式較為便捷，然而分析竹書《老子》甲、乙、丙本並非遇有二個以上偏旁時皆以此種方式構形結字，如甲本 、 、 、 、 、 、 、 、 等；乙本 、 、 、 、 等；丙本 、 、 、 等左、右皆或具有相同的偏旁，但並無作「移左、右為上、下」之易位結字組合。

甲本共 1072 字，字形有左、右偏旁者 178 字，作上、下組合（含移左於下或移左於上）者 56 字，占 31.46%；乙本共 374 字，字形有左、右偏旁者 40 字，作上、下組合（含移左於下或移左於上）者 12 字，占 30%；丙本共 266 字，字形有左、右偏旁者 54 字，作上、下組合（含移左於下或移左於上）者 8 字，占 17.39%。此種構形所占比例不高，緣受竹簡寬度限制而將左、右偏旁作上、下排列可能是因素之一，或所傳抄的版本即是如此，亦或書寫者為使字形更具美感或變化而有意識的作為皆是可能因素。由字表觀察，將左、

右偏旁作上、下易位重新組合，在書法字形上其結字形體縱向更顯緊密紮實，且取勢甚富變化。

表 4-3-2（左旁移上、右旁置下情形）

老子甲							
	8-24 夜	8-26 奴	9-1 奴	9-8 奴	9-13 奴	9-18 奴	9-23 奴
		33-24 荍（柔）		32-9 好		13-29 叔（樸）	
老子乙							
	15-4 勝	15-7 勳（勝）					
老子丙							
	12-17 叔（且）	10-8 勳（勝）					

二、置上下為左右的文字構形：

　　置上、下為左、右的文字構形是指文字偏旁或構件本來作上、下排列者將其調整改變作左、右排列之謂。此種排列組合字形或許是楚系文字帶有神秘性、不易辨識的原素之一，其構形有將文字上部構件移轉至左方與將文字下方部件移轉至文字左邊二種形式。

（一）將文字上部構件移轉至左方（如表 4-3-3）：

　　《老子》甲本將文字上部構件移轉至左方有：二十個「為」將字上爫旁移轉至左側、「屈」字上尸旁移轉至左側、五個「居」字上尸旁移轉至左側古旁或立置於右邊、「戔戔」二個戈旁作左右排列、八個「多」字上下二個夕旁作左右排列等。

　　《老子》乙本有七個「為」字將文字上部構件爫旁移轉至左方。

　　《老子》丙本將文字上部構件移轉至左方有：四個「為」字上爫旁移至左側、五個「居」字及一個「屈」字將上部構件尸旁移轉至左邊等。

（二）將文字下部構件移轉至左方（如表 4-3-4）：

以郭店楚簡《老子》為例，僅見甲本六個「名」字將文字下部構件口旁移轉至左方情形。

字形構件原來作上、下排列甲本有 158 字，將其構件作左、右重組的文字構形有 38 字，占 24.05％；乙本有 53 字，將其構件作左、右重組的文字構形有 10 字，占 18.86％；丙本有 25 字，將其構件作左、右重組的文字構形有 9 字，占 36％。兩相比較，丙本「置上、下為左、右的文字構形」較「移左、右為上、下的文字結體」多 18.61％；而甲本、乙本比例分別少 7.41％及 11.14％。

在寬度有限的竹簡書寫文字，其文字構件理應以作上、下排列方式較便捷易就，但從以上分析觀察，某些字形卻反其道「置上、下為左、右」將原本作上、下排列的文字構件拆解作左、右的文字構形，此種排列組合有其特殊性及美感，以「居」、「屈」字上之「尸」旁為例，楚竹書已將其簡化類似「彳」旁，如此書寫則更為便利；「為」字篆形本像「手牽象」引申作有作為之意，「爫」旁篆書作手形狀，象身（形）於楚文字已大幅作省形簡化，「手形」與簡化的「象身」構形結字作 形組合，形態奇異而結構緊密，呈現左低右高狀；「多」、「戔」與「名」字其「夕」、「戈」與「夕、口」旁等取橫勢排列，字形甚紮實且富整體感，充分反映楚系文字之文化特質。

表 4-3-3（置上下為左右的文字構形）

老子甲						
2-1 為	2-23 為	3-2 為	3-9 為	6-11 為	8-7 為	8-21 為
10-22 為	11-17 為	13-2 為	13-6 為	14-12 為	14-14 為	15-14 為
17-21 為	21-17 為	22-2 為	25-26 為	29-14 為	32-3 為	

23-22 屈	17-4 居	18-2 居	17-29 居	24-13 居	22-29 居	29-12 戔（賤）	25-24 後（散）
14-24 多	14-27 多	30-13 多	30-29 多	30-21 多	31-13 多	36-16 多	36-2 多

老子乙	3-12 為	6-3 為	7-10 為	8-1 為	8-14 為	10-5 為	15-10 為
老子丙	7-8 為	11-1 為	11-14 為	14-7 為	6-3 居	9-2 居	9-7 居
	9-13 居	10-13 居	15-2 屈				

表 4-3-4（置上下為左右的文字構形）

老子甲	13-27 名	18-12 名	19-28 名	21-24 名	22-4 名	35-18 名

三、左右錯落的排列

　　由二個構件所作左、右排列組合而成的文字，呈左邊構件高於右邊構件或左邊構件低於右邊構件之情況為「錯落的排列」。此種「錯落的排列」文字，若排除上、下構件組合字形（如 、、）與辶旁（如 、、）字形以外，二個構件左、右排列組合平正者為「平穩字形」，分析述如下：

（一）結體左高右低（表 4-3-5）

　　字形二個構件作左、右組合，甲本有 168 字，結體呈左高右低排列有 31 字，占 18.45％；乙本有 38 字，結體呈左高右低排列有 16 字，占 42.10％；

丙本有 60 字，結體呈左高右低排列有 13 字，占 21.66％。甲本書手（書寫者）與丙本書手使用此種構形較少且比例接近；乙本書手使用比例最多，達四成二，究其緣由應與左手持簡習慣有關，研判乙本書手左手持竹簡角度後端（外）較偏左側，前端（內）較偏右側時機高於其他角度時機，以致造成字形二個構件出現「左高右低」結體情況較多。

表 4-3-5（結體左高右低）

老子甲							
20-6 將	21-9 斂	39-2 攻	30-1 取	36-7 病	30-13 多	36-2 多	36-16 多
31-11 頪（盜）	19-26 折	23-22 屈	22-29 居	17-29 居	37-22 於	10-27 執	11-12 執
20-22 浴	20-25 江	2-19 江	20-26 海	2-20 海	38-17 涅	38-6 湍	9-24 濁
24-5 獸	38-21 獸	33-18 獸	35-9 強	22-1 弱（強）	29-21 邦	30-25 邦	
老子乙							
11-7 浴	15-9 清	14-7 涅	4-15 相	4-22 相	18-4 觀	18-8 觀	18-13 觀
16-7 祀	12-6 器	2-11 國	1-14 備	16-17	17-7 攸	17-14 攸	16-24 攸
老子丙							
9-13 居	10-13 居	9-7 居	6-3 居	9-2 居	3-6 往	4-6 往	11-6 執
1-20 信	2-3 信	3-15 邦	2-13 祉（功）	7-7 緂（淡）			

（二）結體左低右高表（4-3-6）

　　字形構件作左、右組合，甲本有 168 字，結體作左低右高排列有 62 字，占 36.90％；乙本有 38 字，結體作左低右高排列有 13 字，占 34.21％；丙本有 60 字，結體作左低右高排列有 20 字，占 33.33％。

　　兩相比較，字形結體乙本作「左高右低」者多於「左低右高」者 7.29％；而字形結體甲本、丙本皆作「左低右高」者多於「左高右低」者，比例分別多 18.45％及 11.67％。

　　以力學角度而言，手執筆作畫半圓弧（即 180 度角）動作，軸心點為手肘，起筆點在左側，收筆點於右側，前 90 度角將呈逐漸上升趨勢，須經 90 度角頂點處後才會逐漸呈現下降趨勢。同理，楚簡寬度僅 0.4 至 0.6 公分，書寫文字若以手腕作軸心點，由左側向右側作書寫動，距離短未達頂點即已結束，橫畫或完成左、右二邊構件均會呈現由左下向右上升狀態，其情況屬自然現象，圖表 4-3-5「左高右低」字形之橫線即均有向右上傾斜狀態；圖表 4-3-6「左低右高」字形右側構件亦同時向右上傾斜。

表 4-3-6（結體左低右高）

老子甲							
8-7 爲	3-2	8-21	6-11	10-22	13-2	13-6	14-12
14-14	15-14	1-7	5-14	17-21	21-17	22-2	25-26
29-14	32-3	6-18 道	13-3	15-30 相	16-4	16-10	16-22
18-12 名	13-27	19-28	21-24	22-4	34-29 明	35-18 名	15-15 美
12-5 難	13-20 欲	38-28 咎	13-16 將	13-22	14-9	19-5	21-2

27-29紛	34-27和	14-24多	9-20坉	11-19紀	11-24此	4-28詀 （厭）	1-13頪
12-27狀	6-27強	7-12	7-30	6-27	29-23奇	7-24矜	18-2居
9-5敢	11-10敗	7-11取	8-30獻	11-20慎		25-24散後	

老子乙							
3-23為	4-3	4-7	7-10	8-1	8-14	10-5	15-15
6-3	15-10	10-14明	9-8於	16-10攸			
老子丙							
7-8為	11-1	11-14	14-7	13-2欲	13-4	6-8兵	6-14
6-9則	10-1	10-9	2-4獸	3-10和	13-21楠	10-5居	12-20敗
11-4	11-17	12-7	12-12				

（三）平穩字形

「平穩字形」是指單一文字有二個構件作左、右排列，其結字組合二邊構件等高齊整，字形平正者之謂，如甲本之 初（1-6）、所（2-13）、畔（8-2）；乙本之 紛（1-1）、泝（9-7）、明（13-3）；丙本之 叚（1-8）、執（1-9）、經（3-17）等皆屬之。

　　屬於平穩字形者，甲本有 75 字，占 44.64％；乙本有 9 字，占 23.68％；
丙本有 27 字，占 45％。

　　由單字左、右構件作「左高右低」、「左低右高」或「平穩字形」之排列
組合變化（見表 4-3-7）情形觀察，其中甲、丙本「平穩字形」均多於「左高
右低」與「左低右高」構形；而乙本則呈現「平穩字形」均小於「左高右低」
與「左低右高」構形情況，且甲、乙、丙本以上三種情形均呈現未過半數狀
況，顯然傳抄者遇有左、右構件字形時採行隨機作各種排列組合構形，並無
單一之排列組合構形取向。

　　此外，單字左、右構件作「左高右低」、「左低右高」或「平穩字形」排
列之字形樣態除與書寫者本身書寫習慣有關外，左手執竹簡角度亦爲關鍵要
素。設若竹簡角度後端（外）較偏左側，前端（內）較偏右側，則字形二個
構件出現「左高右低」（圖 4-3-1）結體情況，反之則出現「左低右高」（圖 4-3-2）
結體情況，若竹簡內、外角較正中，則出現「平穩」（圖 4-3-3）結體情況較多。

表 4-3-7　字形構件作左、右排列組合情形統計表

字數		左高右低	百分比	左低右高	百分比	平穩字形	百分比
甲本	168	31	18.45％	62	36.90％	75	44.64％
乙本	38	16	42.10％	13	34.21％	9	23.68％
丙本	60	13	21.66％	20	33.33％	27	45.00％

 （圖-4-3-1）　 （圖 4-3-2）　 （圖 4-3-3）

　　單一字形左、右二邊構件作「左低右高」或「左高右低」斜勢之結體排
列其動勢甚爲強烈。「左低右高」字形其左、右構件及橫畫均呈現由左下向右
上斜勢態樣，如　形；「左高右低」其字形橫畫雖亦由左下向右上傾斜，然
其左、右構件呈現由左上向右下之體勢，向右上之傾斜線與向右下之體勢線
交叉，如　形，於矛盾中見平衡，此二種狀態極爲特殊，爲郭店楚簡《老
子》書法的文字構形特色。

　　單一字形左、右二邊構件作「左低右高」或「左高右低」斜勢之結體，
左、右二個構件互爲穿插、盤錯的文字構形也是郭店楚簡《老子》書法的文

字構形特色，如結體作「左高右低」之「獸」字作 狀，「犬」形穿插於「嘼」形、「執」字作 狀，「幸」形與「丸」形、「女」形相互盤錯；結體作「左低右高」之「美」字作 狀，左、右二個構件互為穿插、「奇」字作 狀，「奇」形與「戈」形互為盤錯；結體作「平穩字形」之「好」字作 狀，「女」形與「子」形亦互有穿插、盤錯，此外，穿插、盤錯之狀況亦發生於其他文字結體，如「移左、右為上、下的文字結體」「褢（畏）」字作 、「纓」字作 狀與「置上、下為左、右的文字構形」「好」字作 、「斁（樸）」字作 狀等。

四、其他排列的文字構形

（一）移左旁置中間

甲本「潛」 （22-8）、「涉」 （8-28）字出現左側「水」旁移置字形中間情況。

（二）移中間置下方

甲本「閉」 （閟 27-12）字、乙本「閟」（ 13-1）字將字中門內之「必」作移置下方構形。

（三）左旁提升

甲本「樸」 （32-22）字左側「木」旁提升至「業」形上半部，丙本「纞」 （7-7）字左側「糸」旁提升與「龍」形作排構形。

（四）左旁下降

甲本「深」 （8-15）字左側「水」旁下降與「木」旁併列，「穴」形上移覆蓋「水」與「木」。

（五）字上移中間

甲本「與」 、 字與丙本「兵」 字上部構件「与」形及「斤」形移置中間之構形；「兵」字「斤」形未下移如甲本 、。

（六）同字上下錯位

「足」字平正形體作 ![字形] 形，上、下錯位如甲本 ![字形] 形、乙本 ![字形] 形、丙本 ![字形] 形等，將「足」上之「口」形與「足」下之「止」形作左、右錯位改變重心之構形。

（七）字下移右移

甲本 ![字形]、![字形]、![字形]、![字形]、![字形] 和乙本 ![字形] 及丙本 ![字形] 等「聖」字「壬」形均右移置於右下與「口」形合併作「呈」形，和「耳」形呈現左、右構件字形。

小結

由以上分析體察，可以發現竹書《老子》書法文字其文字構形樣貌多變，充滿楚文化浪漫熱情的活力，即使同本裡同字也有不同的文字構形，如甲本「浴」字作 ![字形]（2-25）、![字形]（20-22）、「好」字作 ![字形]（8-2）、![字形]（32-9）形等，於形成「構件易位」「移左右爲上下的文字結體」、「置上下爲左右的文字構形」、「左右高低錯落的偏旁排列」及「其他排列的文字構形」等自有的結字特色之外，仍然保有與商周金文相同或相似的字形，如丙本 ![字形]（13-19）形同金文 ![字形] 形、![字形]（13-15）形相似金文 ![字形] 形等，其一脈相傳軌跡昭然。從以上分析觀察楚文字之構形變化，得知其時代之文字尙處於書寫習慣分化多變，並未完全統整於「約定俗成」的固定構形情況，某些文字構形並未定型，仍然處於不穩定狀態，隱然與其社會文化快速發展並因政治勢力地域分化，而仍處於戰爭頻仍之動盪時代相互呼應。

第四節　郭店楚簡《老子》書手的探討

楚系文字與秦系文字書法風格截然不同，緣因後世漢字傳承自秦系文字，以致對楚系文字相對陌生，視爲「奇文異字」。然而楚系文字自身，因傳抄年代或書寫材質有別，各出土地點之書法風格亦有差異，如長沙楚帛書書風不同於楚簡，包山楚簡書風不同於郭店楚簡等，而同一地點出土之楚簡因傳抄者不同其書風亦會有別。因此，本節將探討郭店楚簡裡屬於道家典籍之《老子》甲、乙、丙本和《太一生水》的書手（傳抄者）問題。

　　欲探索書手書寫風格則須深究其文字構形之「筆跡」特徵。所謂「筆跡」是指每個個人經由腦部思想透過中樞神經指揮其手部筋骨肌肉所完成書寫動作的記錄軌跡，此一書寫動作受著每個個人的心理與生理的支配。而每個人的書寫筆跡會因個人的學書經過、思想情緒、動作習慣而產生屬於個人的個性和特殊性。心理學家華爾夫說：「筆跡是記錄於圖型上的肉體運動之個性表現。」〔註43〕日本筆跡學者高村嚴赤也說到：「筆跡是生理與心理雙重活動產生的行為。」〔註44〕林文貴亦說：

> 「每個人的筆跡中，都蘊藏著個人的心意，受著個性法則的支配，其中包括：動機、心意、技巧、情緒、想像、記憶、判斷、考慮、審美等心理作用。可以說筆跡係由一個人的神經中樞指揮著他的手，取用了紙筆等書寫工具，而所表現出來的『系列反應』。這一系列反應正代表他個人健康、心意、書法、環境…等特有的條件。」
> 〔註45〕

又說：

> 「每個人的筆跡都有自己的特性，尤其對一些特殊字。所以如果要比對兩個字跡是否由一個書寫，可說很容易找到特徵。」〔註46〕

再說：

> 「兩個相同的筆跡是由相同的思想及相同的肌肉動作所形成，雖然其間有自然的差異，但仍可迅速的找到相同的特性。」〔註47〕

　　因此，在探討書手時可藉由特殊字或筆畫比對分析個人書寫習慣的特殊性，以下試以此原理來探討楚簡《老子》甲、乙、丙本和《太一生水》的書手。

〔註43〕見林文貴：〈刑事鑑識〉，《警察百科全書（十二）》193 頁，2000 年 1 月，台北，正中書局。

〔註44〕見林文貴：〈刑事鑑識〉，《警察百科全書（十二）》193 頁，2000 年 1 月，台北，正中書局。

〔註45〕林文貴：〈刑事鑑識〉，《警察百科全書（十二）》193 頁，2000 年 1 月，台北，正中書局。

〔註46〕林文貴：〈刑事鑑識〉，《警察百科全書（十二）》194 頁，2000 年 1 月，台北，正中書局。

〔註47〕林文貴：〈刑事鑑識〉，《警察百科全書（十二）》194 頁，2000 年 1 月，台北，正中書局。

一、《老子》甲本是否僅有一個書手的探討

（一）「弗」字寫法構形殊異

林文貴在〈文書證據〉云：

> 「每個人可依據其不同的學習環境、內心的喜好對某些字產生下意
> 識的錯覺或認知錯誤，於是所書寫的字跡中，會存在某些的錯字或
> 別字。這種情形除非有人指點，否則會繼續存在於書寫者的筆跡當
> 中。」〔註48〕

郭店楚簡甲本內之「弗」字，在a組（4、7、12簡）共七例、c組（17至33
簡）計九例，出現寫法和字型使用上明顯不同之情形（如表4-4-1），第4簡至
第12簡之「弗」字弓形有豎勾，末筆多加一短捺，二筆豎畫則偏外側，除了
4-10一例二筆豎畫作背勢外，其餘六例均向右彎曲，弓形置中且草寫筆意鮮
明，尤其編號第4-27字末筆連筆之遊絲寫法與後來書體演進所衍出之行草書
體並無二致；而c組之「弗」字則與現今流傳普見之篆體字形一致。

表 4-4-1

a							
	4-10	4-19	4-27	7-15	7-19	7-23	12-29
c							
	17-18	17-23	17-28	18-1	18-5	18-18	27-6
	27-10	33-13					

（二）「道」字用字及筆法的不同

「道」字a、b、d三組造形字貌雖然全作从行从人之 形，但以書寫筆
跡細審，三組筆法書風皆不相同；而C組的「道」字用字則全用從辶從首之
形，計有九例（如字表4-4-2），其筆法書風一致；「 」、「 」同字不同形，
可能是傳抄版本之別。

〔註48〕林文貴：〈刑事鑑識〉，《警察百科全書（十二）》204頁，2000年1月，台北，
正中書局。

　　雖然林文貴說：「每個人可依據其不同的學習環境、內心的喜好對某些字產生下意識的錯覺或認知錯誤，於是所書寫的字跡中，會存在某些的錯字或別字。」但「弗」、「道」二字從書寫特性觀察，即使造形相同，其用筆習慣卻有別，如 ![img] 及 ![img]，它不是同一個書寫者「下意識的錯覺或認知錯誤」，應是不同書寫者所據相同的字形版本抄寫的結果。

表 4-4-2

a	![13-3]	b	![10-16]			d	![6-18]
	13-3		10-16				6-18
c	![18-9]	![20-14]	![21-28]	![22-17]	![24-19]	![35-17]	![37-7]
	18-9	20-14	21-28	22-17	24-19	35-17	37-7
	![37-13]	![38-8]					
	37-13	38-8					

　　出現不同字形和寫法，究係書寫抄手所據傳抄版本或是甲本書手不只一人之可能性，有再檢視其他有關重復之字加以列舉比對理清之必要。

　　（三）「亡」字 ㄴ 筆劃的不同

表 4-4-3

a	![13-5]	![13-26]	![14-13]	![14-16]	![14-19]	![15-6]	
	13-5	13-26	14-13	14-16	14-19	15-6	
b	![1-15]	![11-6]	![11-9]	![11-11]	![11-14]	![11-25]	
	1-15	11-6	11-9	11-11	11-14	11-25	
c	![17-5]	![26-1]	![29-27]	![32-2]	![36-17]	![37-26]	
	17-5	26-1	29-27	32-2	36-17	37-26	

　　字表 4-4-3「亡」字「ㄴ」形寫法在其拐彎角度可分辨明顯的不同，a組共六例作 ![img] 形，其「ㄴ」形寫法是先向左拐再向右，行筆豎畫微彎曲，轉

角折筆且角度小，過彎底部平直，筆法起筆入筆尖銳，側鋒用筆明顯；而 b、c 組十二例中絕大多數均作 形，其書風一致，「乚」形除編號第 37-26 字向左拐再折筆向右收筆外（入筆仍然一致），其餘均以直下後再右轉行筆，轉彎圓弧角度大，過彎底部作圓弧，向右上斜度甚大，中鋒入筆，起筆較圓頓。a 組與 b、c 組對「乚」形及起筆書寫習慣不同，執筆、用筆、行筆亦有異。

（四）「刀」部的不同寫法

表 4-4-4

a			d		b	
16-11			5-20 咎		1-6	1-12
c						
27-24 剴	27-27	28-21	30-22	38-28 咎		

字表 4-4-4 以「刀」部之比較，a 組與 d 組不相同，與 b、c 組亦有別；b 組編號第 1-6、1-12 之「利」字，「刀」部字形寫法中間多一撇，此種寫法常見於先秦文字，「刀」部第一筆與第二筆銜接齊整如 形，其與 C 組編號第 27-24、27-27、28-21、30-22、38-28 字之「刀」部如 形寫法有顯著不同，第 27 簡以後五例字之「刀」部多一點，而其點法點在左彎勾上二例，點在撇筆上有三例，第一筆歧出第二筆。b 組與 C 組刀「部刀「部字形雖有不同，惟書寫筆跡和習慣相似，應是傳抄版本用字的不同。

（五）「也」字的差異

表 4-4-5

a						
3-28	4-8	4-12	4-17	4-21	13-7	15-6
15-32	16-6	16-12		d		
				5-5		

b	也 3-19					也 16-24	也 16-30
c	也 17-20	也 17-25	也 18-3	也 18-8	也 18-24	也 19-12	也 20-19
	也 24-4	也 24-8	也 24-17	也 25-6	也 25-10	也 26-3	也 30-10

　　字表 4-4-5 之「也」字雖然只有三筆，但若自書者之書寫習性觀之，仍可看出不同書者不同書寫之習性。林文貴在〈文書證據〉裡說：

> 「落筆時因個人均受習慣之規律性的支配，所以每人於每一筆劃之落筆剎那間即表露出形形色色之筆痕，如落筆有仰、俯、中、露鋒、圓筆、方筆、藏鋒等。」〔註49〕

　　a 組之「也」字計有十例作 也 形，二筆右彎勾前段有明顯向右稍微彎曲之傾向，而末筆較長之右彎勾收筆前在轉彎處有先向左拐再向右彎收筆現象，且收筆方向除了編號第 3-28、4-8 字向右下方收筆外，其餘均向右上方收筆，用筆較尖銳，以仰筆方式執筆形成側鋒仰角較大，入筆銳鋒較長；d 組一例作 也 形，起筆筆法類似 a 組，但其第 1、3 筆較垂直且過彎處較 a 組偏中間，末筆作圓環狀向右上勾捲，a 組 也 末筆過彎處則較偏左，且收筆較平直。b 組與 c 組之「也」字計十七例均作 也 形，二筆右彎勾前段向右彎曲之傾向較不明顯，而末筆較長之右彎勾收筆方向除了編號第 25-6、25-10、26-3、30-10 字向右或微向右上方收筆外，其餘均向右下方收筆，其寫法直接重按輕提順勢向右下方帶出，且多數未先向左拐再向右彎收筆情形，執筆垂直，中鋒入筆圓頓，筆鋒短圓。a 組、d 組與 b、c 組執筆、入筆、行筆軌跡迥異。

表 4-4-6

甲第 3 簡 23 字前、後	也 3-19			也 3-28

〔註49〕林文貴〈刑事鑑識〉，《警察百科全書（十二）》200 頁，2000 年 1 月台北，正中書局。

甲第 4 簡	4-8	4-12	4-17	4-21
甲 16 簡第 18 字以前	16-2	16-6	16-12	
甲 16 簡第 19 字以後	16-24	16-30		

（六）第 3、16 簡的「也」字的差異

甲本第 3 簡二例、16 簡五例「也」字（如字表 4-4-6），第 3 簡 3-19 ，第 1、3 筆起筆重按較圓滑，向右下由粗變細收筆，與 16-24、16-30 二例相似；3-28 ，其末筆中段從新起筆，收筆雖與 3-19 接近，但起筆銳利側鋒用筆明顯，與第 4 簡四例和第 16 簡 16-2、16-6、16-12 三例筆法相近。第 16 簡以第 18 字爲前、後畫分，第 18 字以前的三例「也」字末「L」筆 皆是先向左拐再往右或右上提筆勾出，上部 筆畫入筆亦均是側鋒尖入，筆鋒較尖且歧出部份較長；第 19 字以後的二個「也」字末「L」筆 則重按輕提直接往右下拉出鋒，上部 筆畫入筆則爲中鋒頓入，筆鋒較圓而歧出較短，二者用筆結字習慣截然有異。

綜合以上分析對照，郭店楚墓竹簡《老子》甲本自其用筆、用字和書寫習性上約略可以看出不止一種書風。有筆鋒較尖銳，側鋒入筆者，其提按分明，字形閑雅；亦有入筆頓圓，中鋒用筆者。

表 4-4-7

a	4-26	7-18	7-22	7-28	12-28	13-19	d	7-7
c	17-17	17-22	17-27	23-20	23-24	28-15	28-26	28-28
	29-4	29-14	30-24	32-4	32-11	32-19	33-25	34-17
	37-28	38-7						

（七）似同似還異的「而」字（字4-4-7）

　　a 組的「而[而]」字「冂」形向勢內包偏長作 ⌒ 形，佔字形中段超過三分之一；c 組[而]「冂」形除 17-17 至 23-24 五例外作 ⌒ 形，其餘十三例均短直且向外伸展作 ⌒ 形，佔字形中段不及三分之一，前五例「冂」形雖作作 ⌒ 形，但考察其末筆（[而]）與其它十三例寫法均相同作按壓再行筆，形成切筆如[而]；d 組[而]僅一例，其寫法明確與其他三組不同，橫畫起筆側鋒用筆，字中多一豎畫最為特殊（c 組 17-27 與此例相似，惟考察同簡亡、為、之、也等均屬 c 組）；以加短橫飾筆的習慣審視，a 組七例中僅一字加飾筆，d 組與 c 組十九例中僅一字未加飾筆，書寫習慣和結字風格各異。

表4-4-8

a	元	元	元	兀	兀	兀	兀	兀	兀
	3-24	4-4	4-13	7-31	8-32	9-7	9-12	9-17	15-23

b	元	元			d	兀			
	2-28	9-22				5-2			

c	元	兀	元	元	元	元	元	元	
	21-23	23-14	24-23	25-7	25-20	25-29	26-7	27-13	
	元	元	元	元	元	元			
	27-16	27-19	27-22	27-25	27-28	30-8			

（八）「丌（其）」字「儿」腳見端倪（表4-4-8）

　　以文字第構形觀察：第 3 簡自第 3-24 字起至第 9 簡 9-21 字止，第 15 簡 a、d 組十例「丌」腳均「儿[元]」形，三例加短橫飾筆；b 組第 2 簡及第 9 簡 9-22 起 21 簡以後 c 組十六例中僅 24-23、25-7、25-20 等四例「丌」腳作「儿」形，其餘均作「八[元]」字形，第 2 簡及第 21 簡以後「其」字則僅 23-14 一例未加短橫飾筆。

　　以書法的用筆分析：a 組「儿」形第二筆側鋒右切筆如（圓圈處）[元]形或重按起筆作[兀]形；d 組筆法與 a 組相似，惟僅一例較難作比對分析；b、c

組「儿」形第二筆側鋒較不明顯，左切筆，如 形或尖入筆如 形，四組中 a、d 組較相似，b、c 近似相同，書寫習慣及用筆慣性仍顯然有異。

（九）第 3、16 簡

從深入探索過程中發現，第 3、16 簡中後段有不同書寫風格，前後書手（傳抄者）可能不同人，茲就第 3、16 簡同簡中的三個「之」字比較分析（如表 4-4-9），編號第 3-15、3-23 和編號第 16-21 的之字橫畫向右上斜勢甚大，入筆逆入迴鋒，粗細均勻，二筆右斜筆幾近水平，略作下覆式，執筆垂直或筆鋒較圓頓，起筆藏鋒重按頓入，筆劃較頓拙，行筆提按較不明顯，字形偏扁緊密，顯得較緊繃，動勢強烈。而第 16 簡 16-3、16-15 二個之字橫劃較平直，傾斜度不大，前細後粗，二筆右斜筆斜度大，呈左圓弧狀，入筆尖入者略多，執筆較斜，行筆提按輕重分明，筆畫較爽利，字形較寬博疏朗，平穩優閒而安定。二種書風和書寫習慣顯然不相同。

表 4-4-9

老子甲第 3 簡	 3-15	 3-23	
老子甲第 16 簡	 16-3	 16-15	 16-21

若擴大就甲本四十八個「之」字（如表 4-4-10）做比較分析，a 組有十四個是屬於「橫畫較平直，傾斜度不大，二筆右斜筆斜度大，入筆尖入者略多，第四筆橫畫有「左細右粗」現象，執筆較斜或者筆鋒較尖長，行筆提按輕重分明，筆畫較爽利，字形較寬博疏朗，平穩優閒而安靜」的，占 34%；b 組八例與 c 組二十三例相近似，屬於「橫畫向右上斜勢甚大，二筆右斜筆幾近水平，執筆垂直或筆鋒較圓頓，起筆藏鋒重按頓入，筆劃較頓拙，行筆提按較不明顯，字形偏扁緊密，顯得較緊繃，動勢強烈」類型，筆畫粗細較一致，占 65.95%；而 d 組二筆右斜畫筆直，中豎直挺，與 a、b、c 三組各異。

從甲本 a、b、c、d 四組的四十八個「之」字比較分析結果，a 組和 b、c 組其書寫習慣與筆調風格並不相同，與 d 組亦不相同。其中值得關注的現象是 b 組第 2、3、10、11、12 簡的九例「之」字與 c 組的 23 個「之」相近似（見表 4-4-10）。

表 4-4-10

a								
4-3	8-5	8-22	12-23	12-25	13-12	13-24	13-28
14-23	15-3	15-13	15-19	16-3	16-15		
d								
5-12	6-10						
b								
2-7	3-15	3-23	10-23	10-26	10-28	11-1	11-18	12-7
c								
16-21	17-6	17-7	17-12	19-2	19-19	20-15	20-23
21-26	22-3	25-27	26-5	26-14	27-8	27-4	29-20
31-19	34-11	34-6	34-21	37-14	38-9	39-7	

表 4-4-11

a				
7-25	8-19	12-16		
b				
3-6				
c				
16-31	18-4	28-1	35-14	

（十）看似相同的「是」字

　　考察甲本八例「是」字（如表 4-4-11）發現，c 組四例「是」字的「日」

部上橫劃下彎幅度較大，頂點近中段彎曲度明顯，下方「止」部末筆的向右上傾斜角幅度較大，且與中段橫畫連接；而 a 組的「是」字的「日」部上橫畫下彎幅度較小，頂點於右端且彎曲度不甚明顯，下方「止」部末筆的向右上傾斜角幅度較小，與中段橫畫未連接；b 組「是」字亦與 c 組的字形一致。

表 4-4-12

a							
15-30	16-4	16-10	16-16	14-18	14-20 未	7-13	7-17
						7-21	7-27
b			1-12		d		7-6
c							
16-28	16-22	19-10	30-22	25-8	34-2	21-21	
16-23	27-18	34-20	34-24	34-27	25-5	37-27	

（十一）「目」、「禾」、「木」旁字用筆習慣各異

甲本有 7 例「相」字、5 例「未」字、二例「利」字、5 例「果」字（如表 4-4-12），分組比對後發現，a 組四個「相」字，其空間排列左右之「木」部與「目」部所占的空間近於相等，「木」部所占之空間甚至大於二分之一，「木」部之「乂」畫歧出長，「木」部直畫入、收筆尖銳，呈現前、後細中段粗狀態，「目」部接筆處無歧出；而 c 組的三個「相」字皆左邊「木」部所占空間小，約三分之一，「目」部所占空間近三分之二，入筆筆畫筆均為重按頓入，接筆處歧出偏長（16-22「目」下一橫應為贅筆），「木」部之直畫作頭重腳輕、上粗下細狀；c 組，二例「未」字「木」部與同組「相」字「木」旁寫法相同，「乂」畫歧出短，「和」字「禾」旁之「乂」畫歧出寫法亦相同。

a 組二例「未」字上部「屮」形與下部「本」形分離，中筆未連貫顯然分開書寫，飾筆一作圓點一作短橫；c 組三例「未」字中筆由上而下一筆貫穿，

飾筆均作短橫，從用筆、結字、書寫習慣和部件空間安排觀察，二組顯有不同。「利」字 b 組 1-12 與 c 組 30-22「刀」形雖有不同，但書寫筆調及「禾」旁構形均相近似，爲同字異構。

五例「果」字均於第 7 簡，同簡予以區分二組乃發現可能有不同書寫者。a 組 4 例作形，「日」形右肩分二筆寫成，接搭筆明顯，木旁「乂」形細長，其中 7-17與 7-27二例「日」形和「木」形之豎畫不是一筆連貫，而是分開書寫，與同組之未（14-20）字相同；d 組一例作形，其「日」形右肩一筆畫圓寫就，起筆側鋒下切簡潔有力，木旁「乂」筆畫短，前粗後細，起筆亦作側切，「木」形之豎畫一筆貫穿「日」形，執筆、用筆和習慣書風與 a 組顯著不同。

（十二）「水部」、「蜀」、「強」、「終」、「耑」等 a 組、b 與 c 組、d 組之構形、結字亦不相同

除了前述「弗」、「道」、「亡」、「刀」、「也」、「之」、「是」、「目」、「禾」、「木」等字或偏旁用字寫法明顯不同外，甲本「水部」、「蜀」、「強」、「好」、「多」、「耑」等亦有明顯不同（如表 4-4-13、4-4-14）。

1.「水部」、「蜀」的結字構形

a 組一例「涅」（16-17）水旁前段二小點方向往外（圓圈處），中畫作二折彎；「濁」（9-27）水旁前段二小點方向則往內（圓圈處），中畫只作一折彎，b 組與 c 組「水」旁中畫除「江」（2-19）字作轉筆外，餘六例皆作折筆分二筆寫成；b 組「浴」字水旁三例構形均置於下方，且「谷」形加短畫，應是據以傳抄版本即是如此；c 組水旁則置於左側，「涅」字與 a 組雖同字，但書寫筆法及習慣有別，其水旁筆法書風與 b 組較相近似；「濁」字第 21 簡一例借「蜀」假作「濁」，「蜀」形上部形起、接筆及橫畫起筆重按、「虫」（）形收筆筆勢與 b 組二例「濁」字相近。

表 4-4-13

a	 16-17 涅 （盈）						

b							
	2-19 江	2-20 海	2-25 浴	3-4 浴	3-11 浴	9-24 濁	9-27 濁
c							
	20-25 江	20-26 海	20-22 浴		21-11 蜀（濁）	38-17 涅（盈）	37-29 涅（盈）

2. 「強」、「好」、「冬」、「耑」等的結字構形

「強」字，c 組二例加「力」形作「勥」，自成一格；a 組**偍**（7-30）一例，「弓」形第 1 筆歧出，第 2 筆接於第 1 筆三分之一處，折筆往左下方直接出鋒，「口」形狹長，二筆橫畫長而寬鬆，字形寬博；d 組**偍**（6-27）、**偍**（7-12）二例「弓」形第 1、2 筆接搭寫法與 a 組明顯不同；另「口」形較扁，二筆橫畫短而緊湊，字形亦較傾斜，字形緊縮，與 a 組字形、寫法大不相同，而 7-12 字下短橫劃為文句段落，可能為同一簡內 a、d 二組分界點。

「終」字，a 組 8-27 假「冬（**圖**）」作「終」、15-5 作「終（**圖**）」形（字形不同），其字上作二長點，寫法較一致；a 組 8-27 與 b 組 11-21 雖均從日形，假「冬」作「終」字形相同，但 b 組 11-21**圖**與 c 組 34-14**圖**字上二短點寫法較近似。假「冬」作「終」或「終」字形體不同，可能緣於版本不同。

「耑」形，a 組 16-8**圖**「山」形及「而」形與 c 組 38-6「湍」字之「耑」**圖**形構形寫法亦明顯不同。

表 4-4-14

a							
	7-30 強			8-27 冬（終）	15-5 終	16-8 耑	
d				b			
	6-27 強	7-12 強			11-21 冬（終）		
c							
	22-1 強	35-9 強			34-14 終	38-6 湍	

（十三）「名」、「兵」、「多」、「與」、「狀」、「亦」等寫法、結字亦不相同

1.「名」、「兵」（表 4-4-15）

「名」字，a 組第 13 簡一例，「口」形置於「月」形中之二斜筆左旁如 形，「月」形側鋒下切起筆右行呈上彎式；c 組第 18 簡以後五例「名」字、一例「明」字，「口」形及「日」形皆置於「月」形中二短橫之下如 形，「月」形中鋒起筆圓頓，且「月」形中作二短橫，二組寫法、結字明顯不同。

d 組 6-26「兵」字 與 c 組 29-25「兵」字 ，其「斤」形二組寫法迥異，前者並贅增一筆。

表 4-4-15

a							d	
	13-27 名							6-26 兵
c								
	18-12 名	19-28 名	21-24 名	22-4 名	35-18 名	34-29 明		29-25 兵

2.「多」（表 4-4-16）

a 組第 14 簡及 c 組第 30 簡以後各有二個及六個「多」字，a 組「夕」形右肩向上擠壓轉彎角度甚小，且二個「夕」形作由左下往右上傾斜排列如 形；c 組「夕」形右肩轉彎角度大，二個「夕」形作由右上往左下傾斜排列如 形，二者書法、結字有明顯差異。

表 4-4-16

a						
	14-24 多	14-27 多				
c						
	30-13 多	30-29 多	30-21 多	31-13 多	36-16 多	36-2 多

3.「與」、「狀」、「亦」（表 4-4-17）

體察「與」字，d 組第 5 簡與 c 組第 36 簡以後各有一例及二例，前者下

部二手形豎畫收管向左右分行，上部作形，和下部二手形三行併列作形，用筆露鋒而爽利；後者上部作形，用筆藏鋒頓拙，下部二手形豎畫收筆同向左方作形，d、c組二組構形與用筆全然皆異。

a組第12簡及c組第23簡以後各有一例及二例「肰」字，「月（肉）」形前者第二筆作下垂狀，後者作彎鉤狀，「犬」形前者作狀，後者作狀，前者用筆露鋒而爽利，後者用筆藏鋒頓拙厚重，二者結字、用筆有別。

a組第8、14簡各一例「夜」、「亦」字，其結字緊密紮實，用筆露鋒爽利，c組第28簡以後三例「亦」字結字較寬鬆，用筆頓拙，前、後二組亦有差異。

表4-4-17

d	 5-11 與		a	 12-27 肰 （然）	 8-24 夜	 14-1 亦
c	 36-4 與	 35-24 與	 23-9 肰 （然）	 30-9 肰 （然）	 28-11 亦	 28-22 亦 29-6 亦

（十四）「女旁」「子旁」、「教」、「者」、「已」、「古」等字書寫亦有差異

1. 「女旁」

a組六例「女」旁，左直畫均有歧出悉數作形，右肩圓轉一筆完成；b組11-22「女」與9-23「奴」二例左直劃未歧出作形，右肩二筆寫成，橫畫歧出，構形寫法與c組相同；c組「安」、「好」六例「女」旁左直畫皆未歧出，右肩構形寫法與b組相同；「好」字a組偏旁作左、右併列，用筆善於側鋒，切入犀利；c組（32-9）作上、下堆疊，長於中鋒，圓筆居多，此字形「女」旁雖與a組類似，但其左豎未歧出，考查同簡（32簡）「民」（見表4-4-28）、「而」（見表4-4-7）二字筆法、結字均相同於c組，因此歸類為同組。

2. 「子」旁、「教」字（字表4-4-18）

b組與c組各一例「子」字，其筆法書風相同；「教」字a組二例作形，

其二筆右斜畫平直，c 組一例作形，起筆逆入圓頓，二筆右斜畫作下覆式，二組筆法有所差異。

表 4-4-18

a								
	8-26 奴	9-1 奴	9-8 奴	9-13 奴	9-18 奴	12-9 教	12-11 教	（8-2）好
b								
	11-22 女（如）				9-23 奴	1-24 子	1-23 季（孝）	
c								
	18-23 女	19-24 安	22-27 安	22-31	25-2 安	33-9 子	17-13 教	（32-9）好

3. 「者」、「已」、「古」等字（表 4-4-19）

「者」字 a 組（8-9）一例，上端開岔角度大，書寫特性為側鋒筆法，下段「口」形多一短橫；d 組二例中豎與左側斜筆位置有異，如、（形圓圈處），其中 7-5構形雖與 c 組 27-5 相似，但上段右斜筆寫法、位置略異（圓圈處），結字疏密亦有別；b 組四例字相與 c 組 27-5相似，上段右斜筆位置亦相同，如 10-24形，c 組另三例字下未見「口」形，亦為同字異構。

「已」字 a 組二例，可明顯區分二筆寫成；d 組一例，第一劃收尾帶筆與第二畫接連書寫，二組寫法及其接筆處明顯不同。

「古」字 a 組三例，d 組一例，其中豎起筆、「口」形左豎畫及短橫畫書寫筆法皆不相同。

表 4-4-19

a								
	8-9 者			15-18 已	15-26 已	8-4 古	12-18 古（故）	15-4 古（故）

d							
	6-22 者	7-5 者		7-8 已		5-6 古	
b							
	10-1 者	10-10 者	10-17 者	10-24 者	10-29 者		
c							
	27-5 者	27-9 者	33-5 者	37-6 者			

（十五）「聖」、「言」、「善」、「保」之差異

再觀「聖」、「言」、「善」、「保」四字之差異，a 組自成獨立書風；b 組與 c 組「聖」、「言」、「音」等字其「口」形書寫相似，「保」字 b 組與 c 組風格相近似；「善」字，a 組二例作 形，d 組一例作 形，其字中段斷與連、口形寬和窄及橫畫傾斜度等均不相同（見表 4-4-20）。

表 4-4-20

a							d	
	12-19	14-31		4-1	8-6	15-21		7-4
b								
	3-13	11-4	11-29	1-26				10-14
c								
	16-20	17-2	31-17	16-19	17-11	27-7	31-20	38-13

（十六）「手形（又、寸）」、「 （乎）」、「不」字之別

1.「手形（又、寸）」

「手形（又、寸）」d 組二例 、 ，「手形」右側鋒入筆明顯，中畫由重到輕，尤以「得」字「手形」上彎畫一筆寫成，「貝」形寫法亦與 b、c 組明確不同；b、c 組形體與筆法較相近似，尤其 b、c 組「事」字 中段斷開，與 a 組 接連顯然有別；a 組用筆厚重，側鋒菱角明顯，與其他三組顯有差異（見表 4-4-21）。

表 4-4-21

a							
7-16 發	8-1 事	14-15 事	14-17 事	12-22 專	13-21 复（作）		
d							
5-25 得	7-11 取						
b							
1-16 又	2-2 辨	11-17 事	11-27 事	12-6 得			
c							
17-18 事	29-10	28-14 得	28-8 得	28-19 得	28-25 得	29-3 得	17-16 作
29-28 事	31-24 事	37-23 又					24-12 作

2. 「虖（乎）」字

　　「虖（乎）」字「虍」部 a 組六例作　形，右斜筆二畫均不突出上緣，右肩（圓圈處）轉角小；d 組三例作　形，右斜筆一例二畫均不突出、二例一畫突出上緣，且作外彎狀，右肩（圓圈處）轉角大於其他三組，最大不同點在於其下端「口」形，其短橫甚短不連接；b　、c　組各一例筆法相似，並且二例右斜筆二畫內側突出，外側接搭於右肩處，入筆尖銳，筆法與 a、d 組差別甚巨（見表 4-4-22）。

表 4-4-22

a							
8-25	8-31	9-6	9-11	9-16	9-21		
d							
5-17	5-23	6-4					
b				**c**			
2-9				34-16			

3.「不」字

「不」字 a 組三例，右斜筆斜度均大於其他三組，飾筆圓點；d 組四例其右斜筆作下覆式，且較接近水平，起筆尖銳，「乂」形與長橫畫連接，空隙小，飾筆三例不明顯，一例作短橫；a、d 二組書寫風格略有不同；b 組四例作形，其右斜畫起筆側鋒，重按輕出，作上翹狀，「乂」形與橫畫未連接，空隙大，豎畫不作飾筆且向左彎曲；而 c 組十五例寫法風格則與 b 組相同，豎畫僅一例作飾筆（見表 4-4-23）。

表 4-4-23

a	7-29	8-16	12-10				
d	5-3	6-5	6-23	7-9			
b	2-3	1-18	12-1	12-3			
c	20-11	21-13	23-21	28-6	28-12	28-17	28-23	29-1
	29-8	32-17	35-16	36-21	36-25	38-2	38-3	

（十七）「牁（將）」、「知（智）」、「足」、「互」、「此」、「少」、「為」、「民」、「下」、「天」、「大」等字亦有異同

1.「牁（將）」字

「牁（將）」字「爿」和「酉」旁 a 組四例一致；b、c 組書寫習慣和構形相同，其中 c 組 21-2「酉」旁誤作「首」旁（見表 4-4-24）。

表 4-4-24

a							
	13-16 牁	13-22	14-2	14-9			

b	圖 10-2	圖 10-11						
c	圖 20-6	圖 21-2						

2. 「知（智）」字

「知（智）」字明顯有三種書風，各組差異處在於「口」形和「曰」形：a 組二例作 圖 形，「口」形完整，「曰」形二橫畫作下覆式；d 組二例作 圖 形，「口」形作二長短不一上曲線，邊框二端不連接，「曰」形二橫畫作上翹狀；而 b 組一例與 c 組九例最為特殊，均作 圖 形，字中留空不作「口」形，「曰」形二橫畫作直線式（見字表 4-4-25）。

表 4-4-25

a	圖 14-3	圖 15-11	d	圖 6-6	圖 6-8	b	圖 1-2	
c	圖 20-7	圖 21-22	圖 27-3	圖 27-11	圖 30-7	圖 31-1	圖 34-3	圖 34-26	圖 36-19

3. 「足」、「互」、「此」、「少」等字

「足」字 a 組一例作 圖 形，「口」形置於「止」形中間，筆畫粗細分明，結字上密下疏；d 組四例作 圖 形，用筆厚重，「止」形擠壓扁平，與「口」形緊密結合；b 組一例作 圖 形，「止」形雖亦壓縮扁平，但其「口」形置於「止」形右上端，字形顯得寬鬆，與 c 組二例 圖 字形書風相近似；a、d 二組書風不同，亦不於 b、c 二組，四組有三種不同書風。

「互」字 a 組一例作 圖 形，d 組一例作 圖 形，其橫畫斜度與「夕」形右肩轉角寬窄不同，用筆習性和書寫風格亦均有差異。

「此」字 a 組一例作 圖 形，d 組一例作 圖 形，二組筆力押注不同，其「止」、「匕」形書寫筆法和結字亦差異昭顯。

「少」字 a 組一例作形，b 組一例作形，c 組一例作形，b、c 二組書風較相近似，用筆近於中鋒，結字舒展，與 a 組銳利之側鋒筆法和結字緊湊明確有別（見字表 4-4-26）。

表 4-4-26

a							
	14-4				13-4	15-22	14-22
d							
	6-7	6-9	6-12	6-15	6-14	6-13	
b							
	2-4						2-15
c							
	27-1	36-20					20-21

4.「為」字

「爲」字 a 組八例均作形，其「爪（手）」形作三條橫線，右側末筆作曲弧線；d 組僅一例作（6-11）形較特殊，「爪（手）」形作三條短曲斜線，「象」形右上部（圓圈處）第 2、3 筆作斜線交叉並畫一圓圈，第 3 筆末往下帶，「象」形右下部簡省作一橫畫並加一短橫飾筆，寫法與其他組有顯著差異；b 組第七例均作形，「爪（手）」形四條橫線，右側末筆作直線，與 c 組六例字形、寫法相同（見表 4-4-27）。

表 4-4-27

a								
	8-7	8-21	13-2	13-6	13-8	14-12	14-14	15-14
d								
	6-11							

b							
1-18	2-1	2-23	3-2	3-9	10-22	11-7	

c						
17-21	21-17	22-2	25-26	29-14	32-3	

5.「民」字

　　「民」字 a 組五例作 形，b 組三例與 c 組六例書風較一致，大多作 形，三組有二種不同書風，其差異在於左側收筆，a 組未作彎鉤，b、c 組均作彎鉤；右側二筆銜接亦有別，a 組第 1 筆歧出第 2 筆，b、c 組則是第 2 筆歧出第 1 筆較多例；右斜筆 a 組均穿越第 1 筆，b、c 組共九例僅二例穿越第 1 筆（見字表 4-4-28）。

　　再觀察「下」、「天」、「大」等三字，a、d 組二組筆法書風明顯不同；b、c 組書寫風格較相近，且有別於 a、d 組，四組相同三字（「下」、「天」、「大」）可分類歸屬爲三種不同書風（見字表 4-4-29）。

表 4-4-28

a						
3-26	4-6	4-9	4-15	4-18		
b						
1-5	1-21	3-17				
c						
19-17	30-17	30-20	31-26	32-12	32-20	

表 4-4-29

a						
4-2	4-23	15-9	16-14	4-22	15-8	14-21
d						
5-8	7-3		5-7	7-2	6-3	

b 3-5					
c 20-18	21-19	27-2	29-168	30-3	37-1

　　《老子》甲本由「弗」、「道」、「亡」、「刀部」、「也」、「而」、「其」、「之」、「是」、「相（木部）」、「禾部」、「未」、「水部」、「蜀」、「強」、「終（冬）」、「常」、「名」、「兵」、「多」、「與」、「狀」、「亦」、「女部」、「子部」、「教」、「者」、「已」、「古」、「聖」、「言」、「善」、「保」、「手（又、寸）形」、「唐（乎）」、「不」、「牾（將）」、「知（智）」、「足」、「互」、「此」、「少」、「爲」、「民」、「下」、「天」、「大」等字或偏旁，因不同書手之書風及書寫筆跡有所不同或差異，可分爲a、b、c、d四組（見表4-4-30）。

　　a組：3簡第24字以後、4、7簡第13字以後、8、9簡第8字以前、12簡第22字以後、13、14、15、16簡第18字以前；b組：1、2、3簡第23字以前、9簡第22字以後、10、11、12簡第8字以前；c組：16簡第19字以後至39簡；d組：5、6、7簡第12字以前。

　　比對分析書法風格和筆跡特性發現b、c組書寫習慣與筆調較一致，書手可能同一人，而a、d組各有不同書風，其書手不是同一人，與b、c組亦不同人。

　　發生同簡中有不同書風者爲第3、7、9、12、16簡，檢視這五簡狀況均完整無殘損；復審其文句狀況（前後不同書風之分野以「】【」符號表示，字傍三爲簡號，〔〕內數字爲該簡第幾字）：

　　（一）第3簡文句，第13字起「聖人之在民上也，以身後之〔23〕；】【其在民上也，以三言下之四。」

　　（二）第7簡文句，第3字起「善者果而已，不以取強＿〔12〕。】【果而弗癹，果而弗驕，果而弗矜，是謂果而不強。」

　　（三）第9簡文句，第15字起「…屯乎其奴樸，坉乎〔21〕】【其奴濁。」

　　（四）第12簡文句，「聖人欲十一不欲，不貴難得之貨〔8〕，】【教不教，復眾之所過。」

　　（五）第16簡文句，第7字起「…長短之相形也，高下之相盈也〔18〕，】【音聲之相和也，先後之相隨也。」

　　以上五簡，其不同書風之分界點，僅第 7 簡字下有一短橫之標誌符號，表示文句段落，其餘均不是文句的結束。但是，所餘四簡中，除第 9 簡外，其餘三簡分界點都在段落（分號或逗號）上，究其緣由，甲本可能有三位不同書手輪流抄寫，多於文句段落休息交換抄寫。

表 4-4-30

簡號\文字	1	2	3上	3下	4	5	6	7上	7下	8	9上	9下	10	11	12上	12下	13	14	15	16上	16下	17	18	19	2o	21	22	23	24	25	26	27	28	29	30	31	32	33	34	35	36	37	38	39
弗			a						a								a					c	c								c					c			
道					d						b			a			a					c	c	c	c	c					c					c		c		c	c
亡	b								b					a	a	a				c						c			c			c				c		c	c
刀	b				d											a							c	c	c									c
也			b	a	a	d								a		a	a	c	c	c	c	c		c	c	c					c	c	c	c	c	c			c	c
而			a			d	a							a	a				c				c			c	c	c	c	c	c	c	c	c			c	c
其		b		a	a	d		a	a	a	b		b	b	b	a	a	a	a	c	c		c	c	c	c	c		c	c	c		c		c	c	c
之		b	b		a	d	d				b	b	b	a	a	a	a	a	c	c	c	c	c	c		c	c			c	c			c				c	c	c
是		b				a	a					a			c	c	c	c		c				c
相													a	a					c									c
禾	b													c						c		c			c
未												a					c		c				c
果					d	a							a										a
水	b	b					b						a		c							c	c
蜀							b								c
強				d	d	a												c					c
終						a			b		a							c		c
崗											a							c
名									a		c	c		c	c			c	c
兵				d					a						c				c	c		c
多					d												c	c
狀						a					c		c				c
亦				a		a					c	c				c	c
女				a	a	b	b				c	c	c		c		c	c
子	b			a		a				c					c	c
教					a			b		c					c		c
者			d	d	a	b								c		c		c
已			d				a								a
古						a	a							c
聖		b			b	a	a		c	c				c		c
言	b		a		d	a		c	c		c		c
善					a		a
保			b									c
手	b	b		a	a	b	b	a	a		c			c		c	c		c
乎	b	d	d									c
不	b	b	d	d	d	a	a	b	a			c	c	c		c	c		c	c	c	c
將				b		a	a		c	c			c	c		c
智	b		d			a	a		c	c			c	c		c
足	b		d		a			c
互			d		a		a
此			d		a
少	b			a			c
爲	b	b	d	b	b	a	a	a	c	c	c		c		c		c
民	b	b	a	a				a	a	c			c	c	c
下	b	a	d	d		a		c	c		c	c	c		c
天	a	d	a	a
大	d	a

3-23字前	4簡前	7-12字前	9-21字前	12-8字	16-18字前	16-19字後

二、《老子》甲、乙、丙本和《太一生水》的書手問題

　　列舉「大、太」、「之」、「不」、「也」、「是」、「莫」、「則」、「事」、「得」、「於」等字作比較分析：

　　（一）《老子》甲C組、乙、丙本和《太一生水》「大、太」字分析（表 4-4-31）

1.《老子》甲本 C 組作 橫向開展字形偏扁，起筆處第 2、4 筆略低於第 1、3 筆，且收筆處第 2、4 筆高於第 1、3 筆，用筆圓頓厚實。

2.《老子》乙本作 縱向伸展字形偏高，起筆接筆處第 2、4 筆在第 1、3 筆交叉點上，第 1 筆歧出尖長，收筆處第 1、4 筆低於第 2、3 筆，第 4 筆偏長，筆尖用筆較尖銳，線條細挺。

3.《老子》丙本 字形偏方正，起筆處第 1、4 筆高於第 3、2 筆，收筆處第 1、3 筆低於第 2、4 筆，筆肚用筆，粗細分明。

4.《太一生水》 字形近似乙本呈縱向伸展偏高，起筆接筆處第 3、4 筆在同一點，第 1 筆高於第 2 筆，收筆處第 1 筆低於第 2 筆，第 3、4 筆近於等高，用筆一任自然。

以上四者「大、太」字均從二個「人」形重疊構成，乍看「字相」無別，但細審其起筆交接處、收筆高低及字形姿態則因個人書寫用筆習慣而各有小別，甲本 C 組特異。

表 4-4-31

老子甲C組							
22-6	22-14	22-16	22-18	22-21	22-26	36-11	
老子乙							
5-16	7-7	9-22	9-26	11-8	12-1	12-5	12-9
13-21	14-6	14-14	14-18	14-22			
老子丙							
1-1	2-23	4-2	4-12				
太一							
1-1	1-7	6-2	6-9				

（二）《老子》甲 C 組、乙、丙本和《太一生水》「之」字分析（表 4-4-32）

1.《老子》甲本 字形偏寬扁，第 1、2 斜筆幾近水平，起筆側鋒切筆明顯，線條厚實粗細不明顯，末筆斜度甚巨。

2. 《老子》乙本 ![字] 字形縱長，第 1、2 筆斜筆較直，第 3 筆（圓圈處）呈直立式，前 3 筆入筆尖入，線條前、後細中段粗，末筆線條立體飽滿。

3. 《老子》丙本 ![字] 字形方正偏長，第 1、2 筆斜筆亦作直線，第 3 筆（圓圈處）側鋒、中鋒皆用，呈直立式或稍偏右，前 2 筆入筆圓頓，末筆線條細粗較一致。

4. 《太一生水》 ![字] 字較方正，入筆尖銳明顯有別於前三者，前細後粗，第 3 筆亦作直立狀，末筆特粗，線條飽滿前細後粗。

以上《老子》甲 C 組、乙、丙本與《太一》四者「之」字以甲本 C 組風格最為突出，明顯異於其他三者，《老子》乙、丙本與《太一》雖然字形相近，然細觀其用筆及起、收筆變化，不難體察其存在微妙差異。

表 4-4-32

老子甲C組							
21-26	22-3	25-27	26-5	26-14	27-8	27-4	29-20
老子乙							
2-12	3-5	3-17	6-7	6-11	9-24	10-13	17-1
老子丙							
1-6	1-11	1-15	1-19	5-13	7-5	7-14	9-14
太一							
8-14	10-6	10-13	11-17				

（三）《老子》甲 C 組、乙、丙本和《太一生水》「不」字分析（表 4-4-33）

1. 《老子》甲本 C 組 ![字] 字形縱長，中豎向左彎尖出，短橫或不作飾筆均有，中段乂形捺筆偏短，與橫畫多不接連，收筆左底右高，行筆橫筆圓頓外，餘側鋒切筆重入輕出。

2. 《老子》乙本 ![字] 字形偏長，中豎多作直線，出鋒較甲本圓頓，作圓點飾筆，中段乂形撇、捺筆畫多作等長，捺筆線條等粗上揚，行筆中鋒圓筆，橫筆粗細較一致。

3. 《老子》丙本 ![字] 字多長方，中豎微彎介於甲、乙本之間，出鋒圓頓，

字上不作、中豎或作短橫飾筆，中段乂形捺筆多較長於撇筆，行筆中鋒圓筆，橫筆後粗前細。

4.《太一生水》字形較方正，中豎微彎，出鋒尖，不作飾筆，中段乂形撇、捺筆等長，捺筆有上揚趨勢，行筆重入輕出中、側鋒互用，橫筆粗細略為一致。

以上四者字相長扁不盡相同，差異細微然猶可辨，傳抄書手各具個人書寫風格。

表 4-4-33

老子甲C組								
	10-18	20-11	21-13	28-6				
老子乙								
	2-1	4-6	5-5	5-8	10-2	11-15	13-9	13-19
老子丙								
	1-21	2-2	4-8	5-9	5-14	5-18	13-3	13-5
太一								
	7-17	8-1	8-7	12-7	12-18	13-10	14-6	

（四）《老子》甲C組、乙、丙本和《太一生水》「也」字分析（表4-4-34）

1.《老子》甲本 C 組字形縱長，起筆重按行筆輕提尖出，第 3 筆未作轉折，順勢直下向右下方出筆，風格強烈。

2.《老子》乙本第 1 筆（小彎鉤）側鋒切筆，收筆與第 2 筆交接，且第 2 筆多作短橫，起筆與第 1 筆不連接，第 3 筆尖入行筆轉折再作大彎鉤稍過二分之一處再向右轉出，末段略粗帶有隸書筆意而所佔字框大於二分之一。

3.《老子》丙本字形較接近乙本，但第 1 筆（小彎鉤）側鋒較不明顯，收筆亦未與第 2 第接連，第 3 筆寫法亦同乙本，且均帶有隸書筆法，尤其7-12第 3 筆起筆未作折筆，收筆隸意甚強。

4.《太一生水》用筆中鋒居多，第 3 筆同樣尖入行筆轉折重按再作大

彎鉤，但動作小於乙、丙本，出鋒上揚角度較小，偶有重按出現隸書筆法，末段多數佔字框二分之一。

以「也」字觀察，《老子》甲本 c 組風格特殊較異於其他三者；乙本與丙本二者風格較接近，但於筆畫切割之「口」形可作出區別，乙本三例均呈三角形，丙本較方扁；《太一生水》字相雖然乍似乙、丙本，然其第 3 筆起筆轉折和彎鉤角度明確與之有別，顯然四者書寫習慣並不一致。

表 4-4-34

老子甲 C 組							
17-20	17-25	18-3	18-8	18-24	19-12	20-19	17-20
老子乙							
3-7	4-1	6-5					
老子丙							
2-21	5-6	5-21	7-12	9-15	12-13	12-19	
太一							
2-1	2-10	2-19	3-3	3-12	3-21	4-10	4-18

（五）《老子》甲 C 組、乙、丙本和《太一生水》「是」、「莫」、「則」、「事」、「得」等字分析（表 4-4-35）

1. 《老子》甲本 b、c 組「是」、「則」等二字「日」、「目」形分上、下 2 筆寫成，上半部較平直，下半部圓弧，呈半圓狀，是字「止」形與橫畫分離；「事」、「得」二字「寸（手）」形分上、下二筆完成，呈半圓狀，第 3 筆作圓弧線，「事」字中段「曰」形與上段分離，風格明顯別於其他三者。

2. 《老子》乙本「是」、「莫」、「則」等三字「日」、「目」形起筆側鋒重按，並以畫圓方式 1 筆向內捲寫就，「日」形高、圓、窄於甲本；「事」字「寸（手）」形以 2 筆寫成，且 2 筆均於右上方作折筆，交會點緊密。

3. 《老子》丙本「是」、「則」、「得」等三字「日」、「目」形起筆亦側切，且以畫圓方式 1 筆向內捲寫成，「日」、「目」形近於乙本，「則」字造形別於甲、乙本；「得」字「寸（手）」形亦以 2 筆寫成，惟 2 筆交會點作轉筆較乙本之折筆疏朗，第 2 筆起筆作波磔。

4.《太一生水》![是]「是」字「日」形同乙、丙本以畫圓方式 1 筆寫成，起筆特別尖銳亦長出收筆，右肩略帶折筆；「事![事]」字「寸（手）」形與乙本近似，亦以 2 筆寫成，交會點略低第 1 筆折筆處。

就字表（字表 24）體察，以甲本風格最鮮明，其次丙本，乙本與太一生水字相、風格較接近，但太一生水書寫提按動作大，粗細有緻，四者書風存有差異。

表 4-4-35

老子甲bC組								
	16-31	18-4	28-1	35-14		35-12	11-17	
老子乙	1-8	1-11	1-15	10-8	2-4	2-3 則	1-3 事	13-16
老子丙	8-16	12-22	13-18			6-4 則	7-1	6-1 得
太一	1-9	1-17	2-2	2-11			11-10	11-19

（六）《老子》甲 C 組、乙、丙本和《太一生水》「於」字分析（表 4-4-36）

1.《老子》甲本 C 組![於]四例左旁均作「人」形加一短橫與其他三組特別不同，橫畫側鋒切筆明顯，左撇與豎畫重按輕提，用筆渾厚。

2.《老子》乙本![於]僅一例，右側「人」形左撇穿越左旁呈「勾」狀，撇筆未作回鉤，用筆側鋒居多。

3.《老子》丙本![於]二例，右側「人」形左撇穿越左旁並作回鉤，尖入起筆下行旋即左行迴鉤，運筆中、側鋒並用。

4.《太一生水》![於]七例，右側「人」形左撇亦作穿越左旁，不作回鉤僅作曲弧，左撇側鋒起筆明顯，橫畫則較圓頓。

「於」字以甲本 C 組風格較為特殊，乙、丙本與太一生水雖然寫法相同，但因書者用筆習慣不同而呈現風格各異狀況。

表 4-4-36

老子甲C組	25-28	26-6	37-22	37-25		
老子乙	9-8					
老子丙	8-4	12-15				
太一	6-12	6-15	9-13	9-16	13-12	14-8

（太一：14-13）

三、小結

　　彭浩認爲：「《老子》甲組和乙組可能是出于同一抄手。雖然兩者仍有一些不同之處，但不足以把兩者清楚地區別開來。《老子》丙組與《太一生水》出于同一抄手，此人與《老子》甲組與乙組的抄手不是同一人。〔註50〕」艾蘭於「郭店楚簡國際學術研討會」亦說：「《老子》丙組與《太一生水》書體相同〔註51〕」；而黃釗於該研討會也說：「三組竹簡《老子》，不僅字體相同，而且書寫風格一致，很像一人的筆迹，極有可能由一人手抄而成。〔註52〕」眾說分歧未有定論，而以書法角度審視分析，是可以較明確將不同書寫者清楚區分出來的。前述「一、《老子》甲本是否僅有一個書手的探討」經比對列舉諸多字例發現有三種不同書風，a 組書風與 b、c 組不同，與 d 組亦有別，而 b、c 組書風卻相似。因此，可能存在三名書手，即 a 組爲一名書手，b、c 組爲同一名書手，d 組一名書手；另經列舉「大、太」、「之」、「不」、「也」、「是」、「莫」、「則」、「事」、「得」、「於」等字分析比較《老子》甲（b、c 組）、乙、丙本及《太一生水》結果：以《老子》甲本風格最爲突出，明確與其餘三者不同；其次爲丙本，雖然與乙本和《太一生水》相近，但其書風卻是三者中較明顯者；乙本和《太一生水》乍看雖有神似之貌，然細審比對仍有形體及書寫習慣之差異，四本各自有不同書寫者。

〔註50〕邢文：《郭店老子與太一生水》，91 頁，2005 年 7 月，大陸北京，學苑出版社。
〔註51〕艾蘭：〈太一・水・郭店老子〉，《郭店楚簡國際學術研討會論文集》526 頁，2000 年 5 月，大陸湖北，湖北人民出版社。
〔註52〕黃釗：〈竹簡老子的版本歸屬及其文獻價值探微〉，《郭店楚簡國際學術研討會論文集》，485 頁，2000 年 5 月，大陸湖北，湖北人民出版社。

第五章　郭店竹簡《老子》之書法探析

　　本章將就郭店楚簡之書法用筆之側鋒、中鋒、提按、使轉；單字、單行和篇幅之布字排列（行氣）虛實疏密、與上博等其他比較、書法風格與藝術表現等做探討。

第一節　用筆與體勢

　　戰國楚系文字其用筆與體勢明顯與秦系文字不同，雖然東周文字的變遷形成期是春秋時代，但仍無法與西周文字做明確的區分，而戰國時期的文字則已有明顯差異，因此稱戰國文字爲「六國古文」與「秦文」較大篆適切。許慎《說文解字》中所錄的古文字形主要是來自孔宅壁中簡書，亦即是東周六國古文，並非西周以前眞實的古代文字〔註1〕。郭店竹簡《老子》依出土報告其年代爲戰國中期偏晚，其文字爲「六國古文」中的楚系文字。

　　郭店竹簡《老子》文字傳承自殷周，其字形上與西周、旁與其他齊、燕、晉三系及秦系文字互有異同，其字體學界普遍稱爲「六國古文篆書」。叢文俊在《中國書法史・先秦秦代卷》裡以：「皆嫻熟精到，神彩飛揚」來說明《郭店楚簡》的書法風格，並云：「…，這些簡書表明，手寫體中鋒側鋒的自然變化，優美飄乎的圓曲筆勢，使得原本樸素的古文蝌蚪線條，頓生奇姿逸態。〔註2〕」

〔註 1〕　參見林師進忠：〈傳李斯刻石文字非秦篆書法實相-戰國秦漢篆隸書法演變的考察〉，《藝術學》研究年報第四期，18 頁，1990 年 3 月，藝術家出版社。
〔註 2〕　《近百年出土書蹟國際學術研討會論文集》，171 頁，民國 97 年 11 月，台北中華書道學會。

楚簡《老子》書法的筆勢圓曲流暢、婉約通順，正符合後來唐代孫過庭認為篆書、草書形態應是婉轉通暢，於《書譜》所云：「篆尚婉而通，…草貴流而暢，…〔註3〕」的書法論點；而張懷瓘於《六體書論》所指稱大篆的形象：

「…廣乎古文，法於鳥迹，若鸞鳳奮翼、虬龍掉尾，或花萼相承，

或柯葉敷暢，勁直如矢，宛曲若弓，銛利精微，同乎神化。〔註4〕」

亦可見於楚簡《老子》書法的筆勢與形態。體察郭店楚簡《老子》甲、乙、丙三篇書法篆形「勁直如矢，宛曲若弓」，筆法婉約流暢，起收筆或帶有楷書及行草書映帶勾連特徵，線條遒勁挺拔甚為流暢自然，筆法亦甚精熟，應該是學有專精的專業傳抄書手。傳抄書手儘管筆法精熟卻不匠氣，在有限的竹簡寬度約 0.4 至 0.8 公分限制下，其單字每一筆畫並非筆筆相同，或侷限使用單一筆法，相同字形結字體勢亦非皆一成不變，而是奇、正、疏、密變化萬端，與後世唐代張懷瓘《玉堂禁經》所言：

「夫書之為體，不可專執；用筆之勢，不可一概。雖心法古，而制

在當時，遲速之態，資於合宜。〔註5〕」

相吻合。巧妙工拙變化是歷代書家所循循追求的，項穆在《書法雅言‧正奇》裡的書法論述：

「書法要旨，有正與奇。所謂正者，偃仰頓挫，揭按照應，筋骨威

儀，確有節制是也。所謂奇者，參差起復，騰淩射空，風情姿態，

巧妙多端是也〔註6〕。」

回逆反視戰國的郭店竹簡《老子》的書法亦可適用。因此本節試就楚系郭店竹簡《老子》書法的用筆和體勢深入探討，分析其中各種用筆、提按、使轉等奧妙及其書法結字特色與體勢分類比較，以探究竹簡《老子》書法各種面貌。

〔註3〕 孫過庭：《書譜》，收錄於《歷代書法論文選》，114 頁，民國 86 年 4 月，台北華正書局。

〔註4〕 張懷瓘：《六體書論》，收錄於《歷代書法論文選》，193 頁，民國 86 年 4 月，台北華正書局。

〔註5〕 張懷瓘：《玉堂禁經》，收錄於《歷代書法論文選》，198 頁，民國 86 年 4 月，台北華正書局。

〔註6〕 項穆：《書法雅言‧正奇》，收錄於《歷代書法論文選》，487 頁，民國 86 年 4 月，台北華正書局。

一、筆法筆勢的變化

（一）用筆多方舉隅

　　郭店竹簡《老子》文字書法雖然屬於六國古文篆書字體，但是其篆文筆法並非當前一般熟知的篆書藏頭護尾筆法，經從逐字表列可以發現，單字所組成的各個筆畫，其用筆方式即使是同一書者也不會相同一致，可以想見其時的文字在書寫篆法上未並發展到單一固定筆法。在沒有紙張不會印刷、不具拓印技術的時代社會中，文字教學與傳布只能藉由臨摹抄寫，在「書法」而言，全國各地都是不同的範本，並無同一而明確的標準可言，共通的只是相近時地約定俗成具共識的書法風尚。因此，書手對各個同或不同的文字組合筆畫有很大的自由揮灑空間，可以從心所欲使用不同筆法展現個人的書法風格。然而筆法對書法而言是至關緊要的，它不但是書寫的技巧（法），也是書法的核心價值所在，而技巧（法）直接影響到書法作品的整體美感與質感，更攸關書法作品的優劣良窳，自然不是信手塗抹可比擬。有關書道筆法晉唐以後歷代不乏留心翰墨書法大家著有精闢論述，如衛鑠《筆陣圖》開宗明義即云：「夫三端之妙，莫先乎用筆；六藝之奧，莫乎銀鉤。〔註7〕」足見用筆對書法線性質感及構字體勢的重要。王羲之以物象比擬書法線質及結字狀態，其所著《書論》亦云：

> 「…先須用筆，有偃有仰，有敧有側有斜，或小或大，或長或短。
>
> 凡作一字，或類篆籀，或似鵠頭；或如散隸，或近八分；或如蟲食
>
> 木葉，或如水中科斗；或如壯士佩劍，或似婦女纖麗。〔註8〕」

蔡邕更將書法用筆歸結有九種體勢，其《九勢》謂：

> 「轉筆，宜左右回顧，無使節目孤露。藏鋒，點畫出入之跡，欲左
>
> 先右，至回左亦爾。藏頭，圓筆屬紙，令筆心常在點畫中行。護尾，
>
> 畫點勢盡，力收之。疾勢，出於啄磔之中，又在豎筆緊趯之內。掠
>
> 筆，在於趲鋒峻趯用之。澀勢，在於緊駃戰行之法。橫鱗，豎勒之
>
> 規。此名九勢，得之雖無師授，亦能妙合古人，須翰墨功多，即造
>
> 妙境耳。〔註9〕」

〔註7〕 衛鑠：《筆陣圖》，收錄於《歷代書法論文選》，34頁，民國86年4月，台北華正書局。

〔註8〕 王羲之：《書論》，收錄於《歷代書法論文選》，26頁，民國86年4月，台北華正書局。

〔註9〕 蔡邕：《九勢》，收錄於《歷代書法論文選》，6-7頁，民國86年4月，台北華正書局。

姜夔《續書譜・用筆》則更進一步禪述孫虔禮執、使、轉、用的筆法，云：

> 「執爲長短深淺，使爲縱橫牽掣，轉爲鉤環盤紆，用爲點畫向背。
> 〔註10〕」

笪重光《書伐》亦云：

> 「筆之執使在橫畫，字之立體在豎畫，氣之舒展在撇捺，筋之融合
> 在紐轉，脈絡之不斷在絲牽，骨肉之調停在飽滿，趣之呈露在勾
> 點…。〔註11〕」

筆法的重要先賢諸哲皆已言之鑿鑿，可見只要能得筆法、筆勢奧妙，加上時日努力工夫，必能直追古人進入妙境。然而各式筆法總結皆不離執筆，執筆之法李煜《書述》有云：「所謂法者，擫壓、鉤揭、抵拒、導送是也。〔註12〕」蘇軾《論書》所云：「把筆無定法，要使虛而寬。〔註13〕」則最是妙喻，茲略列郭店竹簡《老子》書法筆法數種試做分析探討：

1. 側鋒用筆舉隅

側鋒用筆，即所謂「筆偃則鋒出」之意，亦即筆鋒朝前，筆桿朝後，執筆斜傾入筆側切所書寫出來的筆劃是側勢，會出現銳利筆鋒軌跡；這是郭店竹簡《老子》書法最普遍通見的筆法，也是最自然的筆法現象，後世的姜夔《續書譜・用筆》云：「…筆正則鋒藏，筆偃則鋒出，一起一倒，一晦一明，而神奇出焉。〔註14〕」足見晉唐以後歷代的書論家皆認爲側鋒用筆在書法表現中是項重要筆法。此類爲常見的筆法，其用筆爲側切重按後再行筆，筆速先短暫停按隨即完成行、提的動作，例如以下所列「下、以、亡、古」等字的起筆處，側鋒用筆，筆劃凌角鮮明，線性爽利妍麗，融合粗細輕重變化則使字勢強勁，字形神采澄明。

〔註10〕 姜夔：《續書譜・用筆》，收錄於《歷代書法論文選》，360 頁，民國 86 年 4 月，台北華正書局。

〔註11〕 笪重光：《書伐》，收錄於《歷代書法論文選》，521-522 頁，民國 86 年 4 月，台北華正書局。

〔註12〕 李煜：《書述》，收錄於《歷代書法論文選》，276 頁，民國 86 年 4 月，台北華正書局。

〔註13〕 蘇軾：《論書》，收錄於《歷代書法論文選》，288 頁，民國 86 年 4 月，台北華正書局。

〔註14〕 姜夔：《續書譜・用筆》，收錄於《歷代書法論文選》，359 頁，民國 86 年 4 月，台北華正書局。

（1.1.30-5）、　　（1.1.3-29）、　　（1.1.15-28）、

（1.1.12-18）。

2. 折筆舉隅

折筆即折換筆鋒之意。例「已」、「以」等三字之橫畫起筆即以　　方式折換筆鋒行進，此種筆法與當今楷書橫畫筆法相似，起筆雖然仰筆卻不露鋒；行進間的折筆如「以」字之　　右肩折筆轉換筆鋒向下行進；左下角折筆如「之」、「亡」二字　　長線條由右上往左下直接作翻折換筆鋒再向右行進；左肩折筆如「將」字「爿」旁以　　方式作折筆換鋒。

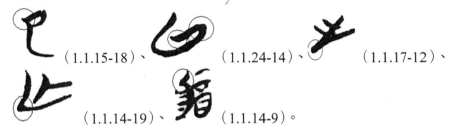

（1.1.15-18）、　　（1.1.24-14）、　　（1.1.17-12）、

（1.1.14-19）、　　（1.1.14-9）。

3. 雙折筆用筆舉隅

雙折頭筆法是楷體及行體書法常見的用筆方式，如東晉王羲之蘭亭集序、隋朝智永、唐代褚遂良之行、楷書跡。其運筆方式是於起筆處做二次折筆，例如左撇作　　、橫畫作　　、豎畫作　　，六國古篆文的郭店楚簡《老子》亦偶見此類用筆，如「自」　　（1.1.14-10）、「定」　　（1.1.14-11）、「商」　　（1.1.16-13）、「也」　　（1.1.16-6）等字。

4. 轉筆舉隅

轉筆筆法有作於筆畫線條「鉤環盤紆」時，如「亙」字之「夕」形　　、「矣」字之「　　」形；起筆亦有作轉筆者，如「生、亙、已、亦」等字的起筆處。起筆轉筆方式執筆較垂直，筆鋒藏隱，橫畫落筆略做下行再轉鋒向右行筆，左撇則略向下行筆再轉鋒往左下行筆，此種筆法沈鬱，線條相對較樸實古拙。

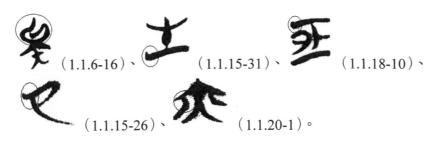

（1.1.6-16）、 （1.1.15-31）、 （1.1.18-10）、
（1.1.15-26）、 （1.1.20-1）。

5. 迴鋒舉隅

迴鋒用筆是中鋒用筆的一種，其行進路線略與起、止筆位移，亦即在線條之外，如「可」字「口」形、「天」字之橫畫入筆以 此種由上往下作迴鋒方式行進；「在」、「事」字豎畫收筆以 方式作迴鋒；「天」字左撇以 作迴鋒。迴鋒筆法筆鋒藏而不露，靈動而沉穩，表現於單字使線條增添多樣性變化，亦令字形更形古拙飛動。

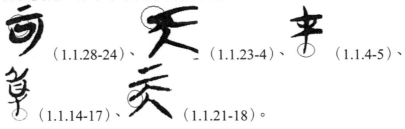

（1.1.28-24）、 （1.1.23-4）、 （1.1.4-5）、
（1.1.14-17）、 （1.1.21-18）。

6. 中鋒用筆舉隅

中鋒用筆普遍被認為是秦代以後歷代對篆書字體書寫的根本筆法也是基本要求，但是觀察近幾十年來各種出土戰國筆寫書法真蹟，清楚發現於其時對書寫的筆法並無嚴謹的筆筆皆要中鋒用筆情況，亦即筆法無定式，各式用筆均有。以郭店竹簡《老子》中的書法而言，單字裡中鋒、側鋒行入等用筆參雜互用甚是多見。中鋒筆法筆毫與竹簡接觸面是垂直的，執筆較無偃仰動作，因此筆鋒藏於線條內，此種筆法令線條呈現較飽滿立體狀態，起、止筆亦較為圓融，後世的筥重光《書筏》中即云：「…，能運中鋒，雖敗筆亦圓…。〔註15〕」。

（1）起筆

無論是橫、豎或斜筆，其起筆均作中鋒之藏鋒用筆表現，例如「一」、「以」、「言」、「得」、「豐」、「古」、「在」、「人」、「之」、「又」等字皆以中鋒起筆，

〔註15〕 筥重光：《書筏》，收錄於《歷代書法論文選》，524 頁，民國 86 年 4 月，台北華正書局。

線條圓勁雄渾，其中「一」字具有後世「蠶頭雁尾」的隸書筆法特徵。

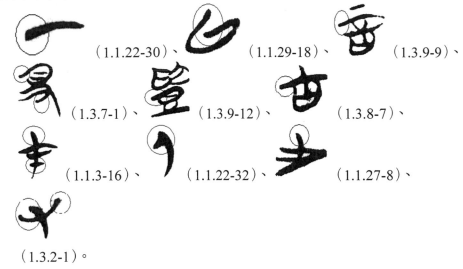

（1.1.22-30）、　　　　（1.1.29-18）、　　　　（1.3.9-9）、

（1.3.7-1）、　　　（1.3.9-12）、　　　（1.3.8-7）、

（1.1.3-16）、　　　（1.1.22-32）、　　　（1.1.27-8）、

（1.3.2-1）。

（2）收筆

中鋒收筆與起筆相同，表現在橫、豎或斜筆上其線條均甚圓潤呈飽和狀態，例如所列「下」、「大」、「正」、「之」、「家」、「卞」等字。

（1.3.3-5）、　　　　（1.3.3-2）、　　　（1.3.3-19）、

（1.3.1-19）、　　　（1.2.16-19）、　　　（1.3.8-18）。

7. 頓筆用筆舉隅

頓筆即於線條起筆時重按後略為提筆再行進、止筆時重按後收筆提起。此類筆法所書寫的線條呈頭重尾輕狀如蝌蚪，這種象形比擬即後來索靖《草書勢》中所云：「…，蝌蚪鳥篆，類物象形…。〔註16〕」的線性表現，是類線條狀如蝌蚪的文字當是以後北朝書家王愔《古今文字志目・上卷》書三十六種記載的：「…、古文篆、科斗篆…。〔註17〕」

〔註16〕索靖：《草書勢》，收錄於《歷代書法論文選》，17 頁，民國 86 年 4 月，台北華正書局。

〔註17〕王愔：《古今文字志目・上卷》，收錄於《歷代書法論文選》，37 頁，民國 86 年 4 月，台北華正書局。

（1）起筆

頓筆有圓頓與側頓，圓頓執筆垂直落下，重按後略微提筆再行進，其筆速是先停再走，如「古」之「口」形右畫、「詘」之「口」形左畫、「上」之上橫畫、「人」之左撇、而「道」之「彳」形上筆為圓頓；「丁」形上筆為側頓用筆。

（1.3.4-19）、　　　　（1.2.14-21）、　　　　（1.3.8-14）、
（1.3.7-18）、　　　　（1.1.13-3）。

側頓執筆筆桿偏斜，落筆按壓後提筆再行進，此類筆法筆勢較強勁，線性表現狀如釘頭，如「唯」、「以」、「也」、「曰」等字之橫畫起筆、「身」字之斜筆等。

（1.2.4-12）、　　　　（1.2.18-18）、　　　　（1.1.17-20）、
（1.1.22-7）、　　　　（1.2.7-2）。

（2）收筆

頓筆收筆是在單一筆畫結束時筆速迅止，筆鋒頓按再提起收筆之動作，此一收筆方式線條收尾圓融，有沉穩拙重之感，例如「是」、「可」、「乃」、「則」等字；頓筆用於豎畫狀若晨間露珠，當是後世孫過庭《書譜》所言：「觀乎懸針垂露之異，…頓之則山安…。〔註18〕」的頓筆垂露線質表現，如「而」、「相」、「人」等字的豎畫收筆。

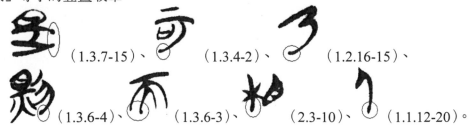

（1.3.7-15）、　　　（1.3.4-2）、　　　（1.2.16-15）、
（1.3.6-4）、　　　（1.3.6-3）、　　　（2.3-10）、　　　（1.1.12-20）。

〔註18〕孫過庭：《書譜》，收錄於《歷代書法論文選》，113頁，民國86年4月，台北
　　　華正書局。

8. 拖、甩用筆舉隅（拖入、甩出）

　　所謂拖、甩用筆是以執筆之手指做為支點不移動，書寫時以筆桿擺蕩方式筆毫未落竹簡前已在空中運行，筆錐先側行斜入觸簡按壓筆腹後漸行甩出離簡，如 ┃ 圖示，其行至筆畫中段筆錐按壓竹簡最深，猶如飛機滑降跑道及起飛跑道之狀態，如 ➛ 圖示，筆速空中、入簡、離簡連貫未作停頓或間斷，此種筆法所書寫出的線條呈頭尾尖細中段肥厚，於竹簡《老子》三篇書法中使用頻率甚高，與側鋒、中鋒用筆相同均普遍見到，其線性表現如「亡」、「未」、「奉」、「又」、「古」等字；

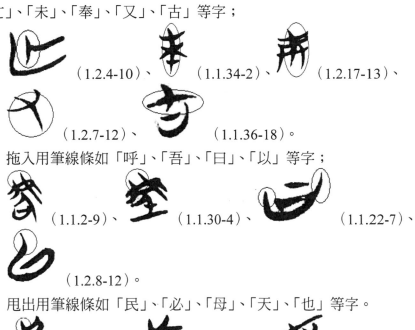

（1.2.4-10）、　　　（1.1.34-2）、　　　（1.2.17-13）、

（1.2.7-12）、　　　（1.1.36-18）。

拖入用筆線條如「呼」、「吾」、「曰」、「以」等字；

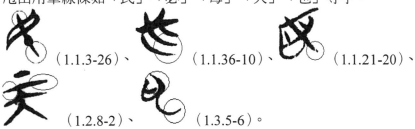

（1.1.2-9）、　　　（1.1.30-4）、　　　（1.1.22-7）、

（1.2.8-12）。

甩出用筆線條如「民」、「必」、「母」、「天」、「也」等字。

（1.1.3-26）、　　　（1.1.36-10）、　　　（1.1.21-20）、

（1.2.8-2）、　　　（1.3.5-6）。

9. 橫波用筆舉隅

　　橫波筆法是指書法線條帶有波動的形態，行筆不徐不疾，欲行還止、止而復行的狀態，其筆勢狀態即橫線筆畫帶有波動筆法，如

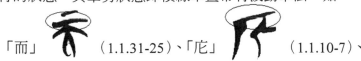

「而」　　　（1.1.31-25）、「庀」　　　（1.1.10-7）、

「反」 　　　　（2.1-13）、「之」 　　　　（1.1.20-23）等。

（二）筆畫肥瘦表現舉隅

骨肉停勻、環肥燕瘦是將書法線條擬作人體態樣的比喻，書法優劣、質感的良窳存乎線性的變化表現，線質少有變化或專擅粗筆或細筆，或過之或不及皆成晉唐以後歷代書論中所認爲的筆病，如姜夔《續書譜‧用筆》有云：

> 「用筆不欲太肥，肥則形濁；又不欲太瘦，瘦則形枯…。〔註19〕」

項穆《書法雅言》亦云：

> 「…修短合度，輕重協衡，陰陽得宜，…不肥不瘦，不長不短，爲
> 端美也…。若專尚清勁，偏乎瘦矣…。獨工豐艷，偏乎肥矣…。瘦
> 不露骨，肥不露肉，乃爲尚也。〔註20〕」

黃庭堅《論書》云：「肥字須要有骨，瘦字須要有肉。古人學書，學其二處，…。〔註21〕」米芾《海嶽名言》云：「字要骨格，肉須裹筋，秀潤生，布置穩，不俗。〔註22〕」

就以上後世的書論反視，綜觀郭店楚簡《老子》甲、乙、丙三篇書法在線質的表現「瘦勁」、「豐腴」皆有，同一字內肥瘦參融情況更是多見。線質細瘦挺勁者，如「以」、「強」、「神」、「骨」、「事」、「攻」、「浴」、「百」等字。

　　　　（2.1-18）、　　　　（2.9-14）、　　　　（2.5-14）、

　　　　（1.1.33-21）、　　　　（1.1.11-27）、　　　　（1.1.39-2）、

〔註19〕 姜夔：《續書譜‧用筆》，收錄於《歷代書法論文選》，357 頁，民國 86 年 4
　　　　月，台北華正書局。

〔註20〕 項穆：《書法雅言》，收錄於《歷代書法論文選》，479-480 頁，民國 86 年 4 月，
　　　　台北華正書局。

〔註21〕 黃庭堅：《論書》，收錄於《歷代書法論文選》，326 頁，民國 86 年 4 月，台北
　　　　華正書局。

〔註22〕 米芾：《海嶽名言》，收錄於《歷代書法論文選》，334 頁，民國 86 年 4 月，台
　　　　北華正書局。

（1.1.3-11）、 （1.1.3-10）。

線質豐腴厚重者，如「我」、「民」、「間」、「名」、「下」、「又」、「身」等字。

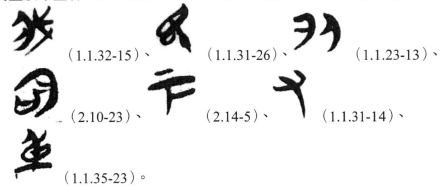（1.1.32-15）、 （1.1.31-26）、 （1.1.23-13）、

（2.10-23）、 （2.14-5）、 （1.1.31-14）、

（1.1.35-23）。

屬於中庸形態，有骨有肉濃纖合度者，如「在」、「利」、「亦」、「正」、「終」、「心」、「戔」等字形。

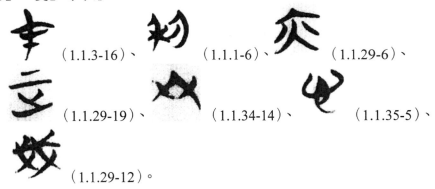（1.1.3-16）、 （1.1.1-6）、 （1.1.29-6）、

（1.1.29-19）、 （1.1.34-14）、 （1.1.35-5）、

（1.1.29-12）。

線質肥瘦參融有之，粗細變化自然，字形優閒安雅，如同後來唐代孫虔禮《書譜》所云：「思慮通審，志氣平和，不激不厲，而風規自遠。〔註23〕」例如「狀」、「之」、「其」、「天」、「慈」、「勿」、「而」等字形。

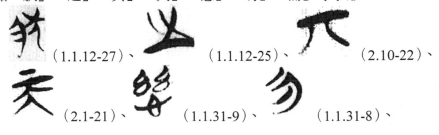（1.1.12-27）、 （1.1.12-25）、 （2.10-22）、

（2.1-21）、 （1.1.31-9）、 （1.1.31-8）、

〔註23〕孫過庭：《書譜》，收錄於《歷代書法論文選》，117頁，民國86年4月，台北華正書局。

（1.1.23-24）。

（三）各式筆畫表現舉隅

1. 橫畫表現

（1）長橫：起筆細、止筆粗如「之」![之](1.3.1-15)、「其」![其](1.3.1-12)二字。

起止筆由粗到細如「是」![是](1.1.28-1)、「中」![中](1.1.22-23)二字。

起止筆作細、粗、細變化者如「古」![古](1.1.36-18)、「是」![是]（1.1.14-29）二字。

起止筆粗細一致者如「之」![之](1.1.39-7)、「恆」![恆](1.1.13-4)二字。

線質爽利者如「下」![下](1.1.30-3)、「卞」![卞](1.1.1-4)二字。

線質樸拙者如「其」![其](1.1.9-12)、「而」![而](1.1.7-22)二字。

（2）短橫：粗細一致如「事」![事](1.1.8-1)字；前後細中段粗如「不」![不]（1.1.7-9）字；頭重尾細如「頌」![頌](1.1.8-23)字，此類短橫甚為多見。

2. 豎畫表現

（1）長豎：長豎中鋒用筆，頭尾圓融如「邦」![邦](1.1.30-25)字；起筆尖細收筆圓融如「在」![在](1.1.4-5)字；側鋒用筆，頭粗尾細如「甬」![甬]（1.1.29-24）、「未」![未](1.1.25-8)二字；拖甩用筆，頭尾尖細中段肥粗如「相」![相]（1.1.16-10）字；收尾帶鉤楷趨筆法如「果」![果](1.1.7-17)字。

（2）短豎：頭尾尖細、中段肥厚，拖甩用筆如「述」![述](1.1.39-3)字；起止筆圓渾粗細一致，中鋒筆法如「恆」![恆](1.1.24-3)字；側鋒犀利起止筆粗細對比強烈如「古」![古]（1.1.36-18）、![古](1.1.15-4)字。

3. 斜畫表現

（1）左斜畫：側鋒用筆狀若後世的楷書左撇筆畫，例如「勿」

（1.1.14-8）、「不」 ![圖] （1.1.38-2）、「道」 ![圖] （1.1.37-7）等字；篆隸中鋒筆法如「夫」 ![圖] （1.1.30-11）字。

（2）右斜畫：側鋒用筆頭粗尾細尖如「者」 ![圖] （1.1.37-6）字；拖甩筆法如「終」 ![圖] （1.1.34-14）、「民」 ![圖] （1.1.30-20）字；用筆中鋒線條圓潤如「而」 ![圖] （1.1.32-4）字。

4. 包圍筆畫表現

包圍筆畫多以二筆上下合包銜接寫成，例如「國」 ![圖] （1.1.22-22）字外圍即以 ![圖] 右上左下二彎筆寫成；「四」 ![圖] （1.1.22-25）字以上下二弧筆 ![圖] 合包寫成；「以」 ![圖] （1.1.21-16）字以較大的左下彎筆含抱較小的右上彎筆 ![圖] 寫成；「可」 ![圖] （1.1.21-15）字的「口」形以 ![圖] 三筆寫成；「相」 ![圖] （1.1.19-10）字的「目」形以左大彎筆及右小彎筆 ![圖] 寫成；「莫」 ![圖] （1.1.5-15）字的「日」形、「中」 ![圖] （1.2.14-9）字的「口」形皆以較長的上弧筆及較短的下弧筆 ![圖] 寫成；少數包圍筆畫以畫圓方式一筆寫成，如「是」 ![圖] （1.2.1-8）字的「日」形作 ![圖] 。

5. 彎曲筆畫表現

竹簡《老子》書法字形絕大多數均作圓弧造形，此種字形構成基本各別筆畫為弧線，而主筆彎曲弧線則是該字形的靈魂及神采所在，其書寫動作較大，如「為」 ![圖] （1.1.15-14）字的主筆弧線作 ![圖] ；「也」 ![圖] （1.1.4-21）字的主筆作 ![圖] ；「民」 ![圖] （1.1.1-5）字的主筆作 ![圖] ；此一「為」 ![圖] （1.1.6-11）字較特殊作 ![圖] ；「呼」 ![圖] （1.1.6-4）字作 ![圖] ；「名」 ![圖] （1.1.13-27）字作 ![圖] 。

6. 轉折筆畫表現

楚系文字多呈圓弧體勢，轉折筆畫摻雜於以圓取勢的字形中，方圓用筆互搭使圓柔字形倍增骨力，字勢勁強，如「亡」 ![圖] （1.1.14-16）字左下角轉折用筆作 ![圖] ；「以」 ![圖] （1.1.14-5）字右肩轉折作 ![圖] ；「此」 ![圖]

（1.1.11-24）字「匕」形作；「所」（1.1.2-21）字「斤」形作；「川」（1.1.8-29）字作；「弗」（1.1.4-27）字「弓」形作以折、轉、折連筆方式書寫。

（四）筆勢表現舉隅

筆勢乃用筆生動的意態之謂。如後世的蔡邕《九勢》曰：「勢來不可止，勢出不可遏。〔註24〕」而姜夔以：「…如折釵股，如屋漏痕，如錐畫沙，如壁坼。〔註25〕」比喻毛筆書寫所呈現出來的線條筆勢情狀，張懷瓘更以器物、花鳥、動物之各種情狀比擬作大篆的筆勢形態，云：「…若驚鳳奮翼、虬龍掉尾，或花萼相承，或柯葉敷暢，勁直如矢，宛曲若弓，銛利精微，同乎神化。〔註26〕」。以下列舉郭店竹簡《老子》書法中的數種筆勢略試探析：

1. 橫畫筆勢表現

（1）水平式：所謂橫畫水平式乃指橫畫書寫的筆勢方向作水平狀的表現，如————→形，此種橫畫筆勢作水平狀態的字形相對較爲穩定，表現於字上者例如「必」（1.1.8-10）、「古」（1.1.15-4）二字；作於字中者如「甬」（1.1.27-15）字；作於字下者如「之」（1.1.15-3）字。

（2）上仰式：所謂上仰式爲橫畫線條筆勢由左下向右上方向發展，作————→形，此類筆勢動勢甚強，在字上橫畫例如「天」（1.1.15-8）、「而」（1.1.7-18）二字；表現在字下如「之」（1.1.10-23）字；多筆畫均作上仰式者如「士」（1.1.8-8）字；上仰與下覆式混搭使用者如「恆」（1.1.6-14）字。

（3）下覆式：下覆式即橫畫線條作弧形向下覆蓋之狀，如————→形，這類筆勢視覺較閑雅，表現於字下如「之」（1.1.13-24）字；表現於字上如「其」（1.1.7-31）、「而」（1.1.12-28）二字；多條橫線均作下覆式

〔註24〕 蔡邕：《九勢》，收錄於《歷代書法論文選》，6頁，民國86年4月，台北華正書局。

〔註25〕 姜夔：《續書譜》，收錄於《歷代書法論文選》，359頁，民國86年4月，台北華正書局。

〔註26〕 張懷瓘：《六體書論》，收錄於《歷代書法論文選》，139頁，民國86年4月，台北華正書局。

者如「三」　（1.1.1-25）字；下覆式、上翹式、水平式同時混用者如「在」（1.1.3-16）字。

（4）上翹式：起止筆高於中段為上翹式，如，後世認為原本篆文橫畫多為水平式，而竹簡《老子》作下覆式最多見，作上翹式的字例較少見，如（1.1.15-17）字；秦代以後歷來篆文筆畫作形，二筆省為一筆作上翹式者，如「屯」（1.1.9-15）、「子」（1.1.33-9）、「舍」（1.1.10-12）、「未」（1.1.14-20）、「慈」（1.1.31-5）、「子」「止」形省作上翹式者如、「道」（1.1.35-17）、「正」（1.1.32-14）的「止」等。

2. 豎畫筆勢表現

（1）垂直式：豎畫筆勢表現作者，其筆勢挺拔峻峭，如「下」（1.1.5-8）、「古」（1.1.5-6）、「之」（1.1.6-10）、「未」（1.1.25-8）等字。

（2）左彎式：筆勢作者動勢較強烈，郭店竹簡《老子》豎畫作是類筆勢者較多見，如「不」（1.1.10-18）、「相」（1.1.16-10）、「古」（1.1.11-8）、「未」（1.1.14-20）等字。

（3）右彎式：筆勢作者較少見如「中」（1.1.22-23）字。

（4）S形式：筆勢作者字態較閒雅，例如「下」（1.1.16-14）字。

3. 向背筆勢表現

向背筆勢為單字裡二條筆畫線條作向勢或是背勢表現之謂，如上筆作下覆式時，下筆即作上翹式與之合抱、左筆作左弧筆時右筆即作右弧筆與之相背，反之亦同，後世的姜夔即將此種筆勢比喻作人的體勢，於《續書譜·向背》云：「向背者，如人之顧盼、指畫、相揖、相背。發於左者應於右，起於上者，伏於下。〔註27〕」

（1）向勢：單字內二筆畫筆勢作上下相對向勢者如「言」（1.1.31-20）、「善」（1.1.8-6）、「音」（1.2.12-10）、「是」（1.2.10-8）、「莫」

〔註27〕姜夔：《續書譜·向背》，收錄於《歷代書法論文選》，362 頁，民國 86 年 4 月，台北華正書局。

荳（1.1.19-18）、「慮」窢（1.1.1-20）、「志」葐（1.1.8-18）等字，二筆畫作左右相對筆勢者如「奴」帠（1.1.8-26）、「好」帠（1.1.8-2）、「居」亾（1.1.17-29）等字。

（2）背勢：單字內二筆畫作左右背對筆勢者如「非」帠（1.1.8-11）「其」兀（1.1.7-31）等字；二筆畫作上下背對筆勢者如「生」圭（1.1.10-13）字。

（3）順勢：順勢筆畫即單字內二條以上筆畫之筆勢作相同方向表現之謂，作左向筆勢者如「保」帠（1.1.10-14）字；作右向筆勢者如「川」帠（1.1.8-29）、「必」帠（1.1.36-10）、「弗」帠（1.1.4-19）等字；左右筆畫皆有者如「戔」帠（1.1.29-12）字。

（4）逆勢：單字內的某一筆劃與其他的筆畫不同筆勢為逆勢筆畫，例如「足」帠（1.1.6-9）字「止」形的第一筆作向外的筆勢，與第二、三筆作向內的筆勢成反向的逆勢；「之」帠（1.1.8-22）字的第一、二、三筆作向內的筆勢，而橫畫的筆勢則是向外的逆勢。

（五）提按使轉舉隅

提、按是書法運筆行進中毛筆與竹簡接觸的按壓力度表現，此種按壓狀態或可稱為「筆壓」，例如以相同筆壓力度行進所表現出來的線質粗細會一致，若筆毫行進中透過筆壓的提（不離竹簡）與按的動作，所呈現的線質則自然會有粗（按）細（提）變化；對於筆畫的使、轉，後世的孫過庭《書譜》有云：「…使，謂縱橫牽掣之類是也；轉，謂鉤環盤紆之類是也；…。〔註28〕」以下試列舉數例略述：

1. 提按

（方形為按筆、圓形為提筆）「以」乚（1.1.5-1）字筆畫行進筆壓「按」、「提」動作較大，線質明顯有粗細變化；「已」巳（1.1.7-8）字第一筆轉筆後「提收筆」直接「起筆按壓」寫第二筆，而第二筆按壓行進中逐漸做提筆動

〔註28〕孫過庭：《書譜》，收錄於《歷代書法論文選》，115 頁，民國 86 年 4 月，台北華正書局。

作，線質自然呈現有粗細變化；「弗」（1.1.4-27）字左豎畫線質亦是以筆壓「提」、「按」力度所呈現的粗細變化，字內「弓」形及飾筆短捺畫其筆畫連續不斷一氣呵成，透過筆壓力度的「提」、「按」動作，自然出現粗細線質變化，尤其末段鈎連的游絲線更見「提」、「按」表現；「也」（2.3-21）字第一筆轉折處較原來豎線的筆壓更重，顯然略有「按」壓動作，末筆線質粗細變化則甚爲明顯，行筆初以「輕提」入簡行進「重按」轉鋒後，再「輕提」轉筆復再「重按」作隸書波磔「雁尾」提收筆，筆勢「提」、「按」動作甚巨。

2. 使轉

　　（方框爲使筆、圓框爲轉筆）使轉在筆畫行進中的線質表現多爲連續動作，如「爲」（1.1.6-11）字左側「爪」形第一筆先作「使」再作「轉」的動作，右側圓圈處作「轉筆」，方形處作「使筆」；「民」（1.1.1-5）字上段及斜畫作長線「使筆」，圓圈處作圓迴「轉筆」動作；「於」（1.3.8-4）字左側豎筆作「使」後「轉折」再「使筆」動作，右側「令」形第一筆以「轉」、「使」、「轉」的運筆方式作表現，第二筆則是「使」、「轉」、「使」的運筆表現，第三、四筆爲「使筆」的動作；「則」（1.2.2-3）字上段「目」形爲先「使」後「轉」的動作，下段二橫畫皆爲「使筆」，第四筆略有「提」、「按」的筆勢表現。

（六）各式用筆精彩、結字疏密輕重靈活

　　審視郭店楚簡《老子》書法表現，其用筆無固定形式，單一字內組成筆畫各種用筆均甚精彩，即使出自同一書寫者的手筆，其用筆體勢不會專擅單一種類。用筆的偃、仰、頓、挫，提、按、使、轉相互照應，線質粗、細、輕、重、緩、急融合搭配的表現，各筆畫或等間、或疏密的參差變，使其結字體勢亦隨之多變。以下略舉數例略述：

　　「王」、「士」、「之」、「貴」、「辱」、「美」、「欲」等字七例，其橫、豎筆畫起、止筆、線質表現均不相同。

1. 「王」（1.1.2-26）

　　三筆橫畫起筆各則面貌，第一筆使用中鋒頓筆，雖然筆壓先重後輕，但線質表現仍然圓勁有力；第二筆起筆使用側鋒折筆，行、止筆轉中鋒用筆，

筆壓一致，收筆圓融，線質遒勁；第三筆中鋒偏側起筆，以中鋒行、止筆，筆壓相同，末段轉左下方圓頓收筆，線質中庸；豎畫側鋒切筆明顯，筆壓先重後輕，粗細對比鮮明，線質爽利。

2.「士」（1.2.9-19）

二筆橫畫筆尖朝左，筆桿偃右中鋒拖筆入簡，筆壓漸行漸按，筆速緩進，頭細尾粗，收筆圓整，線質樸拙；豎畫中鋒拖、甩用筆，行進筆壓輕、重、輕，中段肥厚，頭尾尖細，筆劃雖然不粗，但其線質豐腴。

3.「之」（1.2.3-17）、（1.3.10-14）、（1.3.11-7）

三例用筆體勢表現皆不相同，第一例橫畫中鋒用筆，筆壓一致、筆速緩進，線質遒勁；豎畫中鋒拖、甩用筆，線質豐腴；二筆右斜畫以筆尖側鋒用筆，線質細挺，粗、細筆畫對比強烈，筆畫雖然輕、重差距甚大，但間距分配勻稱結字清明爽朗且穩重，不致偏過。

第二例橫畫中鋒用筆，筆壓略有提按，線質相較於第一例厚重；豎畫中鋒用筆，行進筆壓微按，線質圓勁；右斜劃二筆短而尖細，中鋒拖筆入簡，行進間快速按壓形成頭尖尾粗，與橫畫對比強烈，豎斜畫收筆略微集中，字勢較第一例緊密，具動勢的橫線往右上傾斜，雖然線質肥厚而不顯遲滯。

第三例用筆較趨單一，四個筆劃均中鋒用筆，第二筆斜畫入簡略尖外，其餘起筆圓融，筆畫行進間筆壓逐漸加重，線質表現均收筆厚重於起筆，豎、斜筆交集處形成塊面，字勢為三例中最雄強緊密。

4.「貴」（1.2.5-15）

明顯多為側鋒用筆，上部右斜畫起止筆為中鋒，書法框圍的體勢最易出現滯悶，而此字上部的形內二短橫，線質細於外框且不連接，體勢雖然包圍，但卻空靈、疏朗；下部的形三條上彎弧線均細於上端下彎弧線，圈內二條弧線較緊密，線條所切割出的的三個空間均不相等；上下相較饒富變化，上部空間寬綽有餘，下部則較緊密，整體表現字勢安雅恬淡，於間架勻整、線質妍麗且細挺中仍然作粗細、輕重、疏密的變化。

5.「辱」（1.2.5-12）

此字上端橫畫起止中鋒用筆，線質古拙；二筆右勾側鋒起筆下行折筆勾出，右弧筆側起尖收，與右勾筆緊鄰形成二勾筆間距甚大，疏密即出；

中端「日」形小且密，與上端的寬疏對比甚為強烈，下端「又」形中豎筆起止尖銳，用筆近於拖甩，整體表現上寬下窄、上下疏中間密，偏細挺的線質中仍有輕重、疏密的變化，用筆結字甚堪玩味。

6.「業」（1.1.2-14）

上端四點由左往右上排列，用筆由中側鋒到完全側鋒，其用筆、長短均不相同，且各具其態；二筆橫畫作向式上下合抱，起止筆壓一致，收筆圓融，上筆畫側入簡尖銳，下筆畫中鋒偏側鋒入簡，中間二小撇筆側鋒用筆，小且緊實，與左右空間及上端四點形成疏密對比；下端「臣」形上疏下密，左彎用筆中鋒起止，彎處作提按動作，線質有粗細變化，右（內）彎筆側鋒入簡中鋒行止筆，筆壓一致，右斜畫略帶拖甩用筆，中段豐腴頭尾略細，此字整體表現上疏下密，而上疏中有密、下密中有疏，密處線條集中形成塊面，體勢具有點、線、面效果。

7.「欲」（1.1.2-18）

左側形四筆撇畫，左二撇側鋒用筆，重入輕出，右二撇起止筆用中鋒，「口」形短橫畫用筆側鋒，形中鋒用筆，體勢上疏下密；右側形上密下疏，上端形包圍筆勢緊縮，右側略留空隙，左密右疏，右斜劃拖甩用筆起止尖細、中段肥厚；下端形側鋒銳利起筆行進折筆再行尖鋒出筆，上粗下細，筆勢甚強；整體體勢粗看左疏右密，且疏中有密、密中有疏，細觀三疏一密，其用筆線質及結字體勢甚富變化，亦具點、線、面視覺效果。

（七）筆斷意連「或啟行草」

綜觀歷代書法的演變，每個時代的書體皆因其時通行所演進的結果，而各種書體的形成為筆畫運行軌跡的結合。無論何種書體，觀察其筆畫與筆畫間的起止承應、映帶鉤連，皆有其筆畫線條運行的軌跡脈絡可循，映帶鉤連此類的運筆脈絡以行、草書最為通見，後世東晉的王羲之《題衛夫人筆陣圖》即云：

> 「若欲學草書，又有別法。須緩前急後，字體形勢，狀如龍蛇，相鉤連不斷，仍須棱側起伏，用筆亦不得使齊平大小一等。〔註29〕」

〔註29〕王羲之：《題衛夫人筆陣圖》，收錄於《歷代書法論文選》，25頁，民國86年

王羲之所云已甚明確，草書具有「緩前急後」的行筆速度變化、體勢「狀如龍蛇」、筆畫間的「相鈎連不斷」和「用筆亦不得使齊平大小一等」的特徵，反視省察屬於戰國六國古文的郭店竹簡《老子》的書法用筆，在篆書字體中其書寫行筆已甚多具有上述行、草書體特徵「相鈎連不斷」的連續行筆、「狀如龍蛇」的體勢〔如 ⿰ （1.1.7-19）形〕、勾連帶筆〔如 ⿰ （1.1.12-19）形〕、筆斷意連〔如 ⿰ （1.1.1-5）形〕的書法表現，甚至偶有游絲的連筆現象〔如 ⿰ （1.1.4-27）形〕，其行筆速度富有變化，用筆亦未見「齊平大小一等」。劉熙載《藝概‧書概》亦云：

> 「草書…雖氣脈雅尚綿互，然總須使前筆有結，後筆有起，明續暗斷，斯非浪作。〔註30〕」

蕭衍《草書狀》也說：

> 「斜而復正，斷而還連。〔註31〕」

草書有筆畫「前筆有結，後筆有起」前後相牽引呼應、筆畫分斷而筆意連貫的特性；其體勢也有斜正相參、既斜又正的特質。劉熙載又云：

> 「草之意法，與篆隸，正書之意法，有對待，有旁通。〔註32〕」

草書雖然字體與篆、隸、楷、行等其他字體有別，但各種書體間的用筆結字方法，筆意氣理是互有連貫相通的。

行書字體有眞行與草行之分，劉熙載《藝概‧書概》云：

> 「行書有眞行，有草行，眞行近眞而縱於眞，草行近草而斂於草〔註33〕」

虞世南認爲書寫行書的頓挫如獸之搏噬，鈎距要像秋鷹之迅擊，《筆髓論》云：

> 「行書之體，略同於眞。至於頓挫盤礴，若猛獸之搏噬；進退鈎距，若秋鷹之迅擊。〔註34〕」

行、草書的游絲線條，是筆畫運行間牽帶顧盼或斷或續的線性表現，王羲之

4月，台北華正書局。

〔註30〕劉熙載：〈書概〉，《藝概‧卷五》，143頁，民國77年，台北華正書局。

〔註31〕蕭衍：《草書狀》，收錄於《歷代書法論文選》，641頁，民國86年4月，台北華正書局。

〔註32〕劉熙載：〈書概〉，《藝概‧卷五》，141頁，民國77年，台北華正書局。

〔註33〕劉熙載：《藝概‧書概》，收錄於《歷代書法論文選》，641頁，民國86年4月，台北華正書局。

〔註34〕虞世南：《筆髓論》，收錄於《歷代書法論文選》，103頁，民國86年4月，台北華正書局。

《用筆賦》即云：

> 「…或改變駐筆，破真成草；養德儼如，威而不猛。游絲斷而還續，
> 龍鸞群而不爭；…。〔註35〕」

以上晉唐以後歷代對行、草書的相關書論特性皆可於較前時期戰國的郭店竹簡《老子》書法中見到。索靖《草書勢》亦云：

> 「損之隸草，以崇簡易…，及其逸游盼向，乍正乍邪。〔註36〕」

索靖所言雖然是隸書去繁就簡草寫的情況，但是戰國中晚期的郭店竹簡《老子》卻是篆書筆畫間的草寫的現象，在此時期已見草書字體的書寫特質。以下試列舉郭店竹簡《老子》甲、乙、丙本具有行、草書體書寫特徵字例略述（如圖 5-1-1 行、草書字體特質字例舉隅）：

「緩前急後」的行筆速度變化是後世草書的特質之一，在郭店竹簡《老子》許多字例的運筆速度表現早已皆是如此，例如 （1.3.2-21）形，具有後來楷法的第一筆側鋒較緩慢起筆，過彎時速度略快，收筆略為緩頓後即快速向上鈎連帶筆出鋒，第三筆則是拖筆略快入簡，轉折點略緩按壓後漸行漸快轉彎出鋒；又如 （1.1.18-9 形「彳」與「首」形一筆一畫行筆速度較緩慢且一致，「止」形末二筆則連寫行筆速度較快。

體勢「狀如龍蛇」、筆畫間的「相鈎連不斷」和「用筆亦不得使齊平大小一等」也皆是後世草書的特質。「狀如龍蛇」的體勢是將行、草書體字貌、線性擬物化的形容，書法體勢方、圓、長、扁、寬、窄以及線條的起伏、盤紆、牽引等本皆甚富擬象的想像空間，省察戰國時期竹簡《老子》書法的線質、字貌亦已是奇態多姿的，例如「臣」（1.3.3-20）形（其餘詳參表 5-1-1）；另外形連書寫如 （1.1.7-19）形、（1.1.7-8）（1.1.17-12）形、（1.1.31-26）形等，其筆畫都有二筆的連貫書寫，姿態多樣；（1.2.1-11）形、（1.2.9-8）形、（1.3.1-17）形、形、（1.3.3-13）形、（1.1.26-6）形等則是具有起、止筆相呼應、筆畫間相映帶鈎連、筆斷意連的行、草書特質；此外尚有似斷還連游絲表現的 （1.2.22-19）形、（1.1.15-9）形、

〔註35〕王羲之：《用筆賦》，收錄於《歷代書法論文選》，34 頁，民國 86 年 4 月，台北華正書局。

〔註36〕索靖：《草書勢》，收錄於《歷代書法論文選》，17 頁，民國 86 年 4 月，台北華正書局。

（1.1.23-6）形等。

　　由字表 5-1-1 具行、草書字體特質字例舉隅及上述字例分析省察可知，竹簡《老子》的書法表現各種筆法的線性、字貌形態也符合後世書論「用筆亦不得使齊平大小一等」的特性，因此在戰國中晚期的郭店楚簡書法筆畫間的連筆、筆斷意連書寫表現或可謂已開啓行、草書體的先河。

表 5-1-1　具行、草書字體特質字例舉隅

老子甲					
1.1.1-5	1.1.1-12	1.1.4-10	1.1.4-19	1.1.4-21	1.1.5-10
1.1.6-21	1.1.7-8	1.1.7-15	1.1.10-27	1.1.7-17	1.1.7-19
1.1.7-23	1.1.8-24	1.1.10-2	1.1.12-24	1.1.12-27	1.1.11-18
1.1.12-14	1.1.12-18	1.1.12-20	1.1.14-32	1.1.15-9	1.1.12-29
1.1.14-2	1.1.14-3	1.1.14-31	1.1.26-6	1.1.29-6	1.1.16-13
1.1.17-12	1.1.21-14	1.1.24-10	1.1.37-28	1.1.18-9	1.1.30-19
1.1.31-26	1.1.32-5	1.1.32-12	1.1.23-6	1.1.24-19	

老子乙					
1.2.4-24	1.2.5-12	1.2.2-7	1.2.17-14	1.2.8-10	1.2.8-11
1.2.8-23	1.2.9-8	1.2.8-5	1.2.14-7	1.2.7-13	1.2.8-1
1.2.1-11	1.2.6-16	1.2.12-6	1.2.22-19	1.2.12-2	

老子丙					
1.3.1-17	1.3.2-21	1.3.3-13	1.3.3-20	1.3.4-13	1.3.5-4
1.3.5-9	1.3.7-3	1.3.7-11	1.3.10-1	1.3.14-5	

（八）貫通楷意

楷書的筆法，晉唐以後歷來史論不外以「永字八法」爲其典則，如

圖，永字八法：《書苑菁華・第二卷》云：「側、勒、努、趯、策、掠、啄、磔」，此八法向來爲歷代學習正楷書體的準則〔註37〕。

〈永字八法〉側勢第一云：「側不得平其筆，當側筆就右爲之。」

〈永字八法〉勒勢第二云：「勒不得臥其筆，中高兩頭下，以筆心壓之。」

〈永字八法〉側勢第三云：「努不宜直其筆，筆直則無力，立筆左偃而下，最爲有力。」

〈永字八法〉趯勢第四云：「趯須蹲鋒，得勢而出，出則暗收。」

〈永字八法〉策勢第五云：「策須斫筆，背發而仰收，則背斫仰策也，兩頭高，

〔註37〕收錄於《歷代書法論文選》，815頁，民國86年4月，台北華正書局。

中以筆心舉之。」

〈永字八法〉掠勢第六云:「掠者拂掠須迅,其鋒左出而欲利。又云微曲而下,筆心至卷處。」

〈永字八法〉啄勢第七云:「啄者如禽之啄物也,立筆下罨,須疾爲勝。」

〈永字八法〉磔勢第八云:「磔者不徐不疾,戰而去欲卷,復駐而去之。〔註38〕」

　　楷體書法緣於用筆多爲正側鋒用筆兼施,其起始筆多具銳利側切爽利的特性,宋曹《書法約言》云:

　　　　「楷法如快馬斫陣,不可令滯行,如坐臥行立,各極其致。〔註39〕」

此中說明楷體書法用筆的速度不可「滯行」,各種筆法(畫)皆有極度的發揮。蘇軾《論書》云:

　　　　「眞書難於飄揚,草書難於嚴重,大字難於結密而有餘,小字難於寬綽而有餘。〔註40〕」

楷書若運筆「滯行」,筆畫間又欠缺「氣脈相通」的相呼應觀照,單字結構也欠穩健,自然難有飄揚生動的字勢。姜夔《續書譜·眞書》云:

　　　　「眞書以平正爲善,此世俗之論,唐人之失也。古今眞書之神妙無出鍾元常,其次則王逸少。今觀二家之書,皆瀟灑縱橫,何拘平正?〔註41〕」

楷書雖看似平正,實則欲其飄揚生動,「瀟灑縱橫」,是不可拘泥於「以平正爲善」的世俗觀念,此理雖是後世的書論,將其比之戰國的篆書亦然,觀郭店楚簡《老》書法,字體雖是古文篆書,但其字勢何曾「平正」,例如 ⿰(1.1.4-3)形、⿱(1.1.3-12)形,其用筆有後世的楷法,字爲篆體,但是其筆勢、體勢卻皆具左傾的動勢,筆速運行亦有「快馬斫陣」的磅礡氣勢,書寫在 0.4~0.7 公分寬窄大小的竹簡書法,其字雖小但卻「寬綽而有餘」。以下略舉具有後世楷書相關的字例試述(詳如表 5-1-2 具楷書筆法特質字例舉隅):

〔註38〕收錄於《歷代書法論文選》,815~821 頁,民國 86 年 4 月,台北華正書局。

〔註39〕宋曹:《書法約言》,收錄於《歷代書法論文選》,527 頁,民國 86 年 4 月,台北華正書局。

〔註40〕蘇軾:《論書》,收錄於《歷代書法論文選》,288 頁,民國 86 年 4 月,台北華正書局。

〔註41〕姜夔:《續書譜·眞書》,收錄於《歷代書法論文選》,356 頁,民國 86 年 4 月,台北華正書局。

郭店竹簡《老子》筆跡書法其用筆方法並不趨於單一，且單字內多有數種筆法混融使用情形，可謂筆法無定式，而其用筆具有楷書書寫特質的字例甚爲多見，試略述如下：

點的筆法在〈永字八法〉稱爲「側」，其筆勢「當側筆就右爲之」，郭店墨跡具有楷書筆勢的點，例如 ![圖](1.1.2-14)形、![圖](1.1.2-19)形、![圖](1.1.9-27)形等，書寫筆勢筆桿略左傾、筆尖略朝右落筆側寫。

「勒」勢是橫畫的起始筆勢，竹簡《老子》書法有此筆法的字例甚是多見，例如 ![圖](1.3.2-13)形、![圖](1.1.7-3)形、![圖](1.2.8-7)形等，筆法爲側鋒切入運筆向右行進，筆畫勁強。

楷體豎畫〈永字八法〉稱爲「弩」，其筆勢過於垂直中鋒用筆則乏力道，應筆桿略爲左偃側切再下行方顯勁力，有此筆法字例者如 ![圖](1.1.4-12)形、![圖](1.2.4-2)形、![圖](1.3.4-5)形等。

「趯」爲楷書的豎鉤筆法，〈永字八法〉趯勢云：「須蹲鋒，得勢而出，出則暗收。」具有這種筆法的字例甚多，如 ![圖](1.1.13-16)形、![圖](1.1.4-16)形、![圖](1.3.3-14)形等。

「策」勢爲楷書的左挑筆，〈永字八法〉云：「策須斫筆，背發而仰收」，筆勢左側切後向右上方挑出收筆，有此筆勢的字例 ![圖](1.1.10-6)形、![圖](1.1.11-8)形、![圖](1.1.12-2)形等。

「掠」勢是楷書左撇的筆法，此種筆法在起竹簡《老子》書法中亦多見，〈永字八法〉掠勢云：「掠者拂掠須迅，其鋒左出而欲利」，筆法爲向右下側切，行筆迅速向左下方拂掠，具有筆勢的字例如 ![圖](1.1.14-8)形、![圖](1.3.6-9)形、![圖](1.1.4-3)形等。

「啄」勢是楷書裡的左短撇，其筆勢猶如禽喙啄物之形態，運筆「須疾爲勝」，具有此類筆法的字例如 ![圖](1.1.2-17)形、![圖](1.3.4-16)形、![圖](1.2.12-8)形等。

「磔」爲楷書的捺筆，其運筆欲行還止、欲止還行，行筆中略微帶有抖動戰筆的筆法，〈永字八法〉磔勢云：「磔者不徐不疾，戰而去欲卷，復駐而去之。」竹簡《老子》書法具有此類筆法的字例亦可見，例如 ![圖](1.1.15-32)

形、🖊（1.1.20-5）形、🖊（1.2.8-23）形、🖊（1.3.7-12）形等。

　　除〈永字八法〉所列舉的八種筆法外，楷書尚有一種重要筆法爲「斜鈎」，其筆法見於衛鑠《筆陣圖》，云曰：「百鈞弩發〔註42〕」。《翰林密論二十四條用筆法》則云：「背趯法，又云戈法〔註43〕。」郭店竹簡《老子》乙本書法中有一斜鈎字例🖊（1.2.16-9）形堪稱經典，此外🖊（1.3.7-2）形、🖊（1.3.4-16）形亦有此類筆法。

表5-1-2　具楷書筆法特質字例舉隅

老子甲					
1.1.1-7	1.1.1-8	1.1.1-9	1.1.1-10	1.1.1-11	1.1.2-8
1.1.2-7	1.1.2-17	1.1.2-19	1.1.2-21	1.1.2-26	1.1.3-12
1.1.4-3	1.1.4-12	1.1.4-16	1.1.7-3	1.1.7-21	1.1.10-6
1.1.10-13	1.1.11-4	1.1.4-21	1.1.12-17	1.1.13-2	1.1.13-5
1.1.13-16	1.1.14-8	1.1.11-31	1.1.15-6	1.1.39-4	1.1.36-18
1.1.2-14	1.1.9-27	1.1.11-8	1.1.12-2	1.1.15-32	1.1.20-5

〔註42〕衛鑠：《筆陣圖》，收錄於《歷代書法論文選》，20頁，民國86年4月，台北華正書局。

〔註43〕收錄於《歷代書法論文選》，825頁，民國86年4月，台北華正書局。

老子乙	1.2.2-9	1.2.2-15	1.2.4-2	1.2.3-22	1.2.8-7	1.2.10-17
	1.2.12-8	1.2.15-15	1.2.16-9	1.2.16-10	1.2.17-2	1.2.8-23
老子丙	1.3.1-6	1.3.2-13	1.3.3-14	1.3.3-16	1.3.4-5	1.3.4-16
	1.3.5-2	1.3.5-19	1.3.6-9	1.3.7-2	1.3.14-6	1.3.7-12

二、結字體勢的變化

　　書法字體結字的筆畫及部件大小、寬窄、疏密、位置、斜正變化是影響文字體勢變化的重要因素，這些結字體勢變化在戰國的郭店竹簡《老子》書法中早已有之，如以下後世歷代書論即可為印證：蔡邕《九勢》云：

> 「夫書肇於自然，自然既立，陰陽生焉；陰陽既生，形勢出矣。藏頭護尾，力在字中，下筆用力，肌膚之麗。故曰：勢來不可止，勢出不可過，惟筆軟則奇怪生焉。凡落筆結字，上皆覆下，下以承上，使其形勢遞相映帶，無使勢背。〔註44〕」

此中所言，書法結字體勢貴乎自然，筆畫的強弱、長短、大小…有如陰陽之對比，筆畫粗細、長短、斜正變化愈大，其勢愈強，筆畫較趨於一致平正體勢則較弱，而筆勢的來去是無可阻抑的；上下筆畫有映帶，筆勢自有承應，筆畫間相互有觀照使筆勢連貫，則各筆畫間的筆勢不相違逆抵銷。對於結字體的變化，王羲之《題衛夫人『筆陣圖』後》云曰：

〔註44〕蔡邕：《九勢》，收錄於《歷代書法論文選》，6頁，民國86年4月，台北華正書局。

> 「若平直相似，狀如算子，上下方整，前後齊平，便不是書，但得
> 其點畫耳。〔註45〕」

書法結字筆畫的布排忌諱「方整」、「齊平」、「相似」的板滯體勢，戰國竹簡
《老子》筆跡書法大多數無平直相似的字例，如■（1.2.11-11）、■（1.2.16-15）
形，少數亦有較平正的字例，如■（1.1.12-13）、■（1.1.15-5）形。

布字體勢的疏密，姜夔《續書譜・疏密》云：

> 「書以疏欲風神，密欲老氣。〔註46〕」

劉熙載《藝概》也云：

> 「結字疏密須彼此互相乘除，故疏不嫌疏，密不嫌密也。〔註47〕」

笪重光《書筏》亦云：

> 「精美出於揮毫，巧妙在於佈白，體度之變化由此而分。〔註48〕」

而項穆認爲書法勢的變化也有難於周全的地方，在《書法雅言》談到：

> 「…速勁者，驚急無蘊；遲重者，怯鬱不飛；簡峻者，挺掘鮮道；
> 嚴密者，緊實寡逸；…。〔註49〕」

盧攜也認爲體認書勢是學習書法的要訣之一，在《臨池訣》云：

> 「第一，用紙筆。第二，認勢。〔註50〕」

此外，文字各部件間疏、勻、密的組合關係也是使書法體勢重要因素，以下
列舉部件的各種組合變化略述：

（一）上大下小體勢舉隅

上大下小是指單字所組合的部件作上下組合時，其上部件比下部件大（如
圖 5-1-3）。上大下小的部件組合體勢，其上下部件間的疏密有一致或不一致的

〔註45〕 王羲之：《題衛夫人『筆陣圖』後》，收錄於《歷代書法論文選》，25 頁，民國
86 年 4 月，台北華正書局。

〔註46〕 姜夔：《續書譜・疏密》，收錄於《歷代書法論文選》，363 頁，民國 86 年 4
月，台北華正書局。

〔註47〕 劉熙載：《藝概》，收錄於《歷代書法論文選》，663 頁，民國 86 年 4 月，台北
華正書局。

〔註48〕 笪重光：《書筏》，收錄於《歷代書法論文選》，522 頁，民國 86 年 4 月，台北
華正書局。

〔註49〕 項穆：《書法雅言》，收錄於《歷代書法論文選》，478-479 頁，民國 86 年 4 月，
台北華正書局。

〔註50〕 盧攜：《臨池訣》，收錄於《歷代書法論文選》，270 頁，民國 86 年 4 月，台北
華正書局。

安排，例如 （1.1.38-20）形，其部件自上、由左下再到右側逐漸縮小，空間亦由最疏逐漸到最密作變化；（1.2.6-18）形則是上部件大，下部件「糸」小，其疏密變化則不大；而 （1.1.8-23）、（1.1.16-2）、（1.2.2-16）、（1.2.4-1）、（1.2.11-11）、（1.3.1-10）、（1.3.1-14）、（1.3.6-11）形等上下部件大小差距極明顯，爲典型上大下小組合體勢。

表 5-1-3　上大下小體勢舉隅

老子甲								
1.1.6-4	1.1.7-6	1.1.6-13	1.1.6-16	1.1.8-23	1.1.8-24	1.1.16-2	1.1.33-4	1.1.38-20
老子乙								
1.2.2-16	1.2.4-1	1.2.6-18	1.2.11-11	1.2.1-7	1.2.11-13			
老子丙								
1.3.1-10	1.3.1-14	1.3.6-10	1.3.7-8	1.3.6-11				

（二）上寬下窄體勢舉隅

單字部件作上下組合時，其上部件空間寬於下部件者爲上寬下窄體勢（如表 5-1-4）。上寬下窄體勢的組合有左右的寬度與上下的寬度之分，例如 （1.1.1-4)形，上部件寬於下部件，如 （1.1.9-1）、（1.2.9-10）、（1.2.5-15）形等皆是；（1.1.2-25）形爲上下空間的寬窄體勢，又如 （1.1.2-14）、（1.2.11-17）、（1.3.8-3）形等。

表 5-1-4　上寬下窄體勢舉隅

老子甲								
1.1.1-4	1.1.2-14	1.1.24-12	1.1.2-24	1.1.2-25	1.1.3-8	1.1.6-13	1.1.6-16	1.1.9-1

老子乙								
1.2.6-13	1.2.15-16	1.2.11-5	1.2.9-10	1.2.6-1	1.2.5-15	1.2.6-2	1.2.11-17	1.2.4-21 亞

老子丙			
1.3.3-5	1.3.-88	1.3.8-3	

（三）上疏下密體勢舉隅

組合單字的上部件疏散、下部件密實為上疏下密體勢（如表 5-1-5）。盧攜認為疏密體勢的變化也是學習書法的要訣，其在《臨池訣》即云：

「…第六，上稀。第七，中勻。第八，下密。〔註51〕」

上疏下密體勢如 （1.2.7-10）、 （1.2.3-9）形，其上部件的間距大筆畫長，空間則大； （1.2.9-3）形上下部件雖然大小一致，上部件內中間的空間緊縮，以自身空間疏密變化造成上下部件的疏密變化； （1.3.1-22）形上部件雖然小於下部件，但其上部件筆畫細空間大，下部件則筆畫粗交接點的筆畫集中，以筆畫的粗細形成上下部件的疏密變化。

表 5-1-5　上疏下密體勢舉隅

老子甲								
1.1.15-19	1.1.26-10	1.1.27-11	1.1.27-21	1.1.28-19	1.1.30-7	1.1.30-19	1.1.30-27	1.1.31-6
老子乙								
1.2.1-7	1.2.2-8	1.2.3-9	1.2.5-14	1.2.7-10	1.2.9-6	1.2.9-3	1.2.9-24	1.2.15-6
老子丙								
1.3.1-22	1.3.2-7	1.3.2-11	1.3.3-6	1.3.4-17	1.3.6-6	1.3.8-2	1.3.8-3	1.3.13-20

〔註51〕盧攜：《臨池訣》，收錄於《歷代書法論文選》，270 頁，民國 86 年 4 月，台北華正書局。

（四）上小下大體勢舉隅

組合單字的上部件小於下部件爲上小下大體勢（如表 5-1-6）。例如（1.1.20-7）形，上部件緊縮紮實，空間狹小，下部件鬆弛，空間寬大；（1.2.2-3）形字內線條切割空間疏密略一致，但上部件窄小，下部件寬大，體勢橫向；（1.2.8-23）形上部件「厶」形極小，下部件「矢」形特大；又如（1.1.32-22）形，此「樸」字由三個部件組成，右側「木」形升高擠壓左側，因受竹簡寬度限制，「」形只能縮減空間，下部件「」形自然加大置於正下方，三個部件的組合充分利用「挪讓」、「盤錯」與「穿插」布字方式，體勢靈動；（1.1.14-28）形也有異曲同工之妙，左側部件「隹」形預留空間予下端的部件「土」形，使其重心集中向左側伸展，其組合排列奇特，體勢強勁。

表 5-1-6　上小下大體勢舉隅

老子甲	1.1.6-7	1.1.32-22	1.1.7-17	1.1.14-28	1.1.14-29	1.1.19-11	1.1.19-16	1.1.20-7	1.1.22-15
老子乙	1.2.2-3	1.2.3-8	1.2.3-16	1.2.7-8	1.2.8-23	1.2.13-1	1.2.14-23	1.2.15-4	1.2.15-8
老子丙	1.3.3-16	1.3.6-1	1.3.6-2	1.3.10-12	1.3.8-16	1.3.4-14	1.3.7-2	勳	

（五）上密下疏體勢舉隅

上密下疏體勢爲上部件線條間距密實，下部件線條間的空間疏散（如表 5-1-7），此重排列組合與盧攜所說「上稀、中匀、下密」的學書要訣體勢恰巧相反，書法體勢疏密的變化應是可隨機調整安排的。例如「慮」（1.1.1-20）形爲三個部件作上、中、下堆疊組合，上、中部件間互有「穿插」，且其部件線條的空間甚爲緊密，下端部件因筆畫少，四周留有空白，形成二密一疏的

布字組合，體勢穩健；又如「見」![字](1.1.2-11)形二個部件組合字形，上端「目」形與「人」形的第一短撇筆連成緊密部件，而「人」形的第二筆拉長，形成疏密極大的變化；「足」![字](1.3.5-10)形上端的「口」形與「止」形的第一、二筆畫緊密結合，下端「止」形的第三筆畫左側特長，疏空即顯現，使動勢重心右移；此外筆畫的粗細輕重也是影響體勢疏密變化的關鍵，例如「患」![字](1.2.5-17)形，上下二端部件的面積接近，但是上部件的筆畫粗重，下部件的筆畫則輕細，上密下疏對比強烈視覺的體勢自然浮現。

表 5-1-7　上密下疏體勢舉隅

老子甲	![字]	![字]	![字]	![字]	![字]	![字]	![字]	![字]	![字]
	1.1.1-18	1.1.1-20	1.1.1-26	1.1.2-10	1.1.2-11	1.1.5-21	1.1.7-13	1.1.7-25	1.1.9-9
老子乙	![字]	![字]	![字]	![字]	![字]	![字]	![字]	![字]	![字]
	1.2.1-13	1.2.1-15	1.2.3-1	1.2.3-7	1.2.4-13	1.2.5-17	1.2.6-1	1.2.7-14	1.2.7-15
老子丙	![字]	![字]	![字]	![字]	![字]	![字]	![字]	![字]	![字]
	1.3.2-5	1.3.5-4	1.3.6-1	1.3.7-10	1.3.1-18	1.3.2-20	1.3.3-14	1.3.5-10	1.3.5-11

（六）上（中）、下大小或疏密均等體勢舉隅

構成單字上（中）、下的部件，其疏密大致相同的組合爲上（中）、下疏密均等體勢，如表 5-1-8。此種組合的單字本身有屬於密者，也有本身即有疏密變化者。例如![字](1.1.4-20)、![字](1.2.1-15)、![字](1.2.8-11)等三形均是由上下二個部件所組成的單字，上下部件大小略爲接近，其疏密及空間大小均勻；![字](1.1.8-28)形爲三個大小相等的部件所組成，因上端的部件字形的限制無法作穿插，中、下端部件則互有穿插且緊密結合，形成大小一致卻上較疏，中、下甚緊密的結合；單字屬於較疏鬆的字形，例如![字](1.1.10-20)形，其上下二個部件大小致，部件內也皆有疏密變化，字內筆畫間的離合使空間極富變化，上下部件在均等疏密的體勢中，頗富空間視覺效果；「舊」![字]

（1.2.3-3）字的上部件「隹」形與下部件「臼」形，外形一個正方形，一個長方形，面積大小卻近似均等，雖然字中因「臼」形下凹出現空疏，但是二個部件的筆畫互有穿插，體勢連貫；⬚（1.2.5-22）形上端部件「龍」形與下端部件「心」形二者筆畫雖然懸殊，但是其所佔的面積比例相當，體勢縱長。

表 5-1-8　上（中）、下大小或疏密均等體勢舉隅

老子甲	1.1.4-14	1.1.4-20	1.1.8-12	1.1.8-14	1.1.8-28	1.1.9-2	1.1.10-20	1.1.38-24	1.1.34-25
老子乙	1.2.1-15	1.2.2-4	1.2.2-5	1.2.3-3	1.2.3-19	1.2.5-9	1.2.5-22	1.2.7-11	1.2.8-11
老子丙	1.3.4-13	1.3.10-4	1.3.3-5	1.3.6-5	1.3.8-18	1.3.1-4			

（七）左（中）、右大小或疏密均等體勢舉隅

左（中）、右間的部件大小或疏密相同者為左（中）、右疏密均等體勢（見表 5-1-9）。例如⬚（1.1.8-11）形左右二個部件背勢而對，大小、疏密皆相同；⬚（1.2.11-7）形，左右部件大小接近，左側部件「水」形上段較緊密，右側部件「谷」形的「口」形較密實，左上右下錯位，作斜角疏密變化，體勢往右下如⬚形；⬚（1.1.6-18）形高度由左至右遞減，而間距與疏密則相同，體勢向右上；⬚（1.3.6-14）形其下端「廾」形作左右分開，上端「斤」形置於中間，形成三個部件大小均等的組合體勢；「成」⬚（1.2.12-8）形其左下的「壬」形與右上的「戈」形大小均等，左右相互穿插、盤錯，體勢穩固；「聖」⬚（1.1.12-19）形與「成」形相似，其左側的「耳」形與右側的「呈」形大小均等，部件相互盤錯，字勢緊密。

表 5-1-9 　左（中）、右大小或疏密均等體勢舉隅

老子甲								
1.1.1-12	1.1.2-21	1.1.3-9	1.1.6-18	1.1.7-11	1.1.8-2	1.1.8-11	1.1.12-19	1.1.10-2
老子乙								
1.2.7-4	1.2.11-7	1.2.12-8	1.2.18-7	1.2.17-13	1.2.12-12	1.2.13-3	1.2.17-2	1.2.16-6
老子丙								
1.3.4-1	1.3.5-4	1.3.5-12	1.3.5-20	1.3.6-14	1.3.12-5	1.3.14-3	1.3.14-6	1.3.7-11

（八）左大右小、左寬右窄體勢舉隅

　　構成單字左側的部件比右側部件大，或是左側的部件寬度大於右側的部件為左大右小、左寬右窄體勢（見表 5-1-10）。例如「能」 （1.2.9-6）形，「厶」形下的三個部件由「月」之大且寬疏向右側的二個「匕」形小且窄密遞減；「纓」 （1.2.6-18）形上端二個部件亦作左側寬大、右側窄小的的構形；「猷」 （1.1.8-30）形左右二個部件的大小差距甚大，右側的「犬」形佔字形不及三分之一比例，二側的部件以極端的大小懸殊比例作「誇張」的組合，體勢向右上伸展； （1.1.3-13）形以左高右下的排列組合，左側的「耳」形寬度大於右側部件，且橫畫足以覆蓋左下的「呈」形，體勢向右下延展； （1.2.16-7）形亦為左大右小、左寬右窄典型字例，左側部件「示」形寬大、右側部件「巳」形窄小，左高右低的排例組合使體勢向右下伸展。

表 5-1-10 　左大右小、左寬右窄體勢舉隅

老子甲								
1.1.2-1	1.1.2-8	1.1.3-13	1.1.7-24	1.1.8-30	1.1.9-2	1.1.11-4	1.1.13-16	1.1.15-15

老子乙								
1.2.4-15	1.2.14-7	1.2.14-11	1.2.16-7	1.2.16-3	1.2.16-10	1.2.5-11	1.2.6-18	1.2.9-6
老子丙								
1.3.1-9	1.3.1-17	1.3.2-3	1.3.2-4	1.3.4-15	1.3.5-15	1.3.6-3	1.3.6-4	1.3.7-6

（九）左小右大、左窄右寬體勢舉隅

　　構成單字部件左旁小且窄，右旁大且寬爲左小右大、左窄右寬體勢（如表5-1-11）。各種部件的大小、疏密的搭配，其筆畫均會有挪讓與穿插表現（框框重疊處），此種挪讓與穿插在結字筆畫布置安排甚爲重要，可使單字的筆畫和部件組合爲更爲緊密，更有賓主及承應關係。

　　左小右大、左窄右寬體勢例如 （1.2.18-8）形，左側部件「見」形與右側部件「蘿」形大小、寬窄比例懸殊，又如 （1.1.1-13）形，左側部件「見」形窄於右側「兆」形；「巧」 （1.1.1-10）字，左側「丂」形明顯小於右「攵」形，體勢向右下延伸； （1.1.2-19）形則左右二部件左高右低作高低錯位，左窄小、右寬大，體勢向右下傾；「矣」 （1.2.8-23）形，部件雖然是上下排列，但是下部件「矢」形卻是作左窄小、右寬大的結字，體勢往右下傾；「天」 （1.2.18-14）形雖然無左右部件，但其筆畫的長短亦可以營造左窄、右寬的視覺效果；「亙」 （1.2.2-7）形上下橫畫內的「夕」形與「卜」形也是左窄小、右寬大的體勢；筆畫粗細也是影響視覺大小、寬窄的因素，例如「絕」 （1.2.4-8）形字內的左右二個「幺」形外觀大小、寬窄接近，但其字內空間寬窄卻差距頗大，左側「幺」形筆畫粗、右側「幺」形筆畫細，字內空間左小窄、右寬大，左側「幺」形體勢成爲視覺的焦點。

表5-1-11　左小右大、左窄右寬體勢舉隅

老子甲								
1.1.1-6	1.1.1-10	1.1.1-13 規（盜）	1.1.2-19	1.1.5-19	1.1.8-7	1.1.9-27	1.1.10-11	1.1.16-22

老子乙								
1.2.14-15	1.2.16-17	1.2.18-8	1.2.18-14	1.2.8-1	1.2.2-11	1.2.4-8	1.2.2-7	1.2.8-23
老子丙								
1.3.2-3	1.3.2-20	1.3.3-1	1.3.3-17	1.3.6-7	1.3.9-5	1.3.9-13		

（十）左疏右密體勢舉隅

線條長短、部件大小、筆劃粗細及筆畫集中擠壓皆是造成單字左側寬鬆、右側緊密的疏密空間體勢（見表 5-1-12）。例如（1.1.20-2）、（1.2.14-34）形，其左側橫畫線條長於右側，形成左疏右密體勢；（1.2.12-6）、（1.2.4-15）、（1.1.29-23）、（1.3.1-13）等形則是部件左大右小，右側部件內縮，字內空間受到擠壓，造成體勢左疏右密；（1.2.14-8）、（1.3.3-15）、（1.2.10-3）形等為筆畫皆緊密集中於右，左側字內空間寬鬆，形成左疏右密體勢；（1.1.30-26）、（1.3.1-20）形則是以筆畫粗細營造左疏右密的體勢，筆畫輕細字內空間較疏散，筆劃粗重字內空間自然受到擠迫壓縮而緊密。

表 5-1-12　左疏右密體勢舉隅

老子甲								
1.1.16-10	1.1.20-24	1.1.28-13	1.1.29-21	1.1.29-23	1.1.30-21	1.1.30-26	1.1.31-17	1.1.31-22
老子乙								
1.2.4-15	1.2.6-10	1.2.10-3	1.2.10-15	1.2.12-6	1.2.14-8	1.2.15-2	1.2.17-9	1.2.14-3
老子丙								
1.3.1-13	1.3.1-20	1.3.3-6	1.3.3-15	1.3.4-16				

（十一）左密右疏體勢舉隅

　　單字左側或部件空間緊密，右側或部件空間疏鬆者爲左密右疏體勢（如表 5-1-13）。影響空間疏密的因素與部件大小、筆劃粗細、筆畫多寡和筆畫聚散有關，例如 ![字](1.2.8-1)形，左側部件小、筆畫短且集中，右側部件大，筆畫雖多於左側，但其末筆線條拉長，形成字內空間疏鬆，體勢左側密右側疏；窮 ![字](1.2.14-13)字右側字內留空，筆畫往左側傾斜，體勢自然出現左密右疏；筆畫的粗細、輕重、長短也是影響空間疏密的要件，例如 ![字](1.1.23-4)、 ![字](1.2.14-22)形，筆畫左粗右細、左短右長，左右空間的分配自然形成疏密變化；左右間距相等，筆畫多與少、粗重與輕細，若集中於單側則其疏密對比會更強烈，例如 ![字](1.1.28-10)形，筆畫集中於左側，線條粗重，而右側則相反，疏密差距極大；若左右間距相等，筆畫粗細一致時，則筆畫多的左側體勢自然呈現左密右疏，例如 ![字](1.1.4-28)形；左右部件筆畫即使相同、線條粗細輕重相似、左右間距亦相等，透過筆畫的聚散也可以有疏密視覺的效果，例如 ![字](1.1.31-23)、 ![字](1.2.3-11)形等。

表 5-1-13　左密右疏體勢舉隅

老子甲								
![字](1.1.4-28)	![字](1.1.16-4)	![字](1.1.23-4)	![字](1.1.24-19)	![字](1.1.24-20)	![字](1.1.26-6)	![字](1.1.28-10)	![字](1.1.28-11)	![字](1.1.31-23)
1.1.4-28	1.1.16-4	1.1.23-4	1.1.24-19	1.1.24-20	1.1.26-6	1.1.28-10	1.1.28-11	1.1.31-23
老子乙								
![字](1.2.1-1)	![字](1.2.2-7)	![字](1.2.3-11)	![字](1.2.6-9)	![字](1.2.8-1)	![字](1.2.10-14)	![字](1.2.14-11)	![字](1.2.14-13)	![字](1.2.14-22)
1.2.1-1	1.2.2-7	1.2.3-11	1.2.6-9	1.2.8-1	1.2.10-14	1.2.14-11	1.2.14-13	1.2.14-22
老子丙								
![字](1.3.2-18)	![字](1.3.3-14)	![字](1.3.8-1)	![字](1.3.11-17)					
1.3.2-18	1.3.3-14	1.3.8-1	1.3.11-17					

（十二）上下疏、中間密體勢舉隅

　　單字內筆畫聚散、粗細、長短的空間配置皆是形成上下疏、中間密體勢的因素（如表 5-1-14）。例如 ![字](1.1.3-13)形，其筆畫中段較密集，字內上

下空間較大，即呈上下疏、中間密的體勢；而單字內中段的筆畫粗重，內部空間密實，上下的筆畫輕細、空間疏鬆，即有上下疏、中間密的體勢，例如 ![字](1.1.5-14)、 ![字](1.2.7-18)、 ![字](1.3.13-10) 形等；筆畫歧出較長，上下空間加大，自然造成上下疏、中間密的體勢，例如 ![字](1.2.13-16)、 ![字](1.3.3-10)、 ![字](1.2.11-12) 形等；「孛」 ![字](1.2.10-17) 字中段的「子」形上部緊縮且緊貼上部件筆畫，造成中間特別緊密、上下疏鬆的體勢；筆畫省形也會形成上下疏、中間密的體勢，例如「賽」字原來作 ![字](1.1.27-15) 形，因「宀」下省作 ![字](1.2.13-4) 形而出現疏密效果；另外 ![字](1.1.10-25) 形，因左右筆畫輕細、中間筆畫集中且粗重，形成外輕內重的情形。

表 5-1-14　上下疏、中間密體勢舉隅

老子甲								
1.1.3-13	1.1.5-14	1.1.10-25	1.1.11-24	1.1.12-11	1.1.14-15	1.1.16-23	1.1.20-12	1.1.36-5
老子乙								
1.2.5-3	1.2.5-12	1.2.6-2	1.2.7-18	1.2.10-17	1.2.11-12	1.2.12-11	1.2.13-4	1.2.13-16
老子丙								
1.3.5-7	1.3.13-10	1.3.8-13	1.3.1-10	1.3.3-10	1.3.3-13	1.3.3-16		

（十三）中間疏、上下或左右密體勢舉隅

表 5-1-15　中間疏、上下或左右密體勢舉隅

老子甲								
1.1.1-2	1.1.1-14	1.1.6-6	1.1.9-23	1.1.11-21	1.1.12-2	1.1.12-9	1.1.18-9	1.1.24-21

老子乙								
1.2.9-7	1.2.11-5	1.2.11-17	1.2.12-10	1.2.13-6	1.2.5-22	1.2.15-2	1.2.15-3	1.2.15-4
老子丙						屈		
1.3.5-5	1.3.6-8	1.3.10-3 哀	1.3.3-1					

　　單字上下、左右部件或筆畫間距、字內空間、筆畫輕重均為影響體勢疏密的關鍵（如表 5-1-15）。例如 （1.1.1-2）、 （1.1.24-21）、 （1.1.11-21）形等，其上下部件間距拉開，形成中段空間大而疏空的體勢；「側」 （1.1.1-14）形則是字中的二筆橫畫的間距寬而疏離，形成上下較密實的體勢；「德」 （1.2.11-5）形為「罒」形內筆畫輕細且疏散而形成中間疏鬆的視覺效果，因其上端「十」形筆畫既粗重且極短，下端「心」形字內空間亦較小，上下部件皆較中段緊密；字中內留空白也是構成中間疏、上下及左右密的體勢，例如 （1.1.6-6）、 （1.1.9-23）、 （1.1.18-9）形等；利用左右兩側的部件間距亦可營造左右緊密、中間疏鬆的體勢，例如 （1.1.12-2）、 （1.2.9-7）、 （1.3.6-8）形等。

（十四）誇張體勢舉隅

　　構成單字的部件所占的空間比例，常態或習慣上筆畫少者所占空間較小，筆畫多者所占空間較大；單字內各筆畫間的線條粗細較一致；上下或左右部件的排列會較協調，而以極度的大小、粗細及位移方式，使部件的大小、粗細或位置組合不合比例，與常態或習慣有違者為誇張體勢。笪重光在《書筏》裡有云：

　　　　「…光之通明在分佈，行間之茂密在流貫，形勢之錯落在奇正。〔註52〕」

　　可見有部件的或錯落或奇正的分配佈置，才有字的形態與體勢，而作誇張的部件「分佈」字態的形勢將更為「奇肆」，舉例略述如下：

〔註52〕笪重光《書筏》，《歷代書法論文選》521-522 頁，台北華正書局，民國 86 年 4 月。

1. 部件大小誇張

　　單字的構成部件以筆畫少或多的極大或極小組合方式，誇張使字勢更強勁、姿態更多樣，亦使藝術視覺更具趣味性。例如「堇」 (1.1.14-28) 形由三個部件組成，然而每個部件的大小並不一致，空間以「土」形所占的比例最大，筆畫多的「堇」形與「隹」形，所占的空間合計大約和筆畫少的「土」形相當，但三個部件所占的空間加總並非是「堇」形的總空間，而是三個部件所占的空間均互有重疊，且重疊比例高於二分之一，顯示三個部件間的筆畫都有很深入的穿插，「土」形伸展的外形空間所占約三分之二強，且圓點極度向右擠靠，橫畫極度向左延伸，是極度誇張的體勢表現形式。

　　「猷」 (1.1.8-30) 形與「戰」 (1.3.10-7) 形為左右二個部件所組合的字，且二個部件的筆畫互有穿插結合緊密，左側部件筆畫亦皆多於右側部件，「酋」形所占的空間比例約四分之三，而「犬」形約僅占四分之一，二個部件大小比例懸殊，體勢誇張；「戰」形左右「單」形與「戈」形二個部件，所占的空間比例，大小懸殊更甚於「猷」形，誇張體勢亦更甚。

　　「態」 (1.2.5-22) 形為上下二個部件所構成，上端「龍」形右側的部件「巳」形筆畫少且極端的縮小，空間占約不到六分之一，與左側多筆畫的部件「竜」形成強烈的大小對比，與下端筆畫少空間約占六分之三強的「心」形差距更大，二個筆畫少的「巳」、「心」形以極端的大小誇張形式呈現，上下部件略微分離，體勢險峻。

　　「型」 (1.1.16-11) 形左側二個部件「井」形和「土」形筆畫多於右側筆畫最少的「刀」形，但是「刀」形豎畫拉長，所占的空間比例卻有二分之一強，以筆畫少的部件作大空間的誇張。

　　「相」 (1.1.16-10)、 (2.2-17) 形二例，左右均同為「木」形和「目」形，二個字例左右二個部件作相反的大小誇張的組合字勢。

　　「閟」 (1.1.27-12) 形，筆畫較少的「必」形原置於筆畫多的「門」形內，但「必」形卻作大空間的誇張比例，與「門」形分據上下二分之一空間。

2. 筆劃粗細誇張

　　書法單字內的筆畫粗細習慣皆近於一致較合乎常態比例，以粗細的極致

作組合搭配為筆畫粗細的誇張體勢，例如「也」形 （1.3.7-12）形，少筆劃對多筆畫，第一、二筆與第三筆的粗細差距極大，對比之下第三筆顯然線條作極度粗重的誇張表現；「之」 （1.2.3-17）形第三、四筆與第一、二筆作筆畫對稱的極度粗細對比，粗重的橫、豎二筆使「之」字穩若泰山，第一筆斜畫最細挺，第二筆斜畫次之，與粗重的橫、豎二筆呈現筆畫粗細誇張的體勢；「所」 （1.1.20-9）形左側部件「戶」形筆畫粗細適中，右側部件「斤」形的左豎畫既粗且長，其他三筆畫相對較細挺，形成單一粗長的筆畫與適中或細挺的多筆畫作極度的誇張對比體勢。

3. 部件位移誇張

　　單字部件的組合排列有其適當的比例位置，以上下、左右作較大的錯位排列組構單字為部件位移誇張，後世明代董其昌《畫禪室隨筆》云：

　　　　「古人作書，必不作正局。〔註53〕」

又云：

　　　　「古人神氣淋漓翰墨間，妙處在隨意所如，自成體勢，故為作者。
　　　　字如算子，便不是書。〔註54〕」

笪重光《書筏》也說：

　　　　「名手無筆筆湊泊之字，書家無字字疊成之行。〔註55〕」

可見作書寫字是不能「筆筆湊泊」、「如算子」的平板，應崇尚自然，筆從心意、意在筆先，在部件位置的經營多所著墨，以顯神妙「自成體勢」。例如「名」 （1.1.35-18）形，下端部件的「口」形位移至「夕（月）」形部件內底部，部件位移誇張；「頌」 （1.1.8-23）形左側部件「公」形位移至「頁」形部件下，且大小比例懸殊，作部件位移誇張的體勢；「強」 （1.1.6-27）、「位」 （1.3.10-5）二形右側「虽」形、「立」形部件向上極度的位移，為左低右高的部件錯位誇張，右下方留大空，此類位置的經營，姜夔於《續書譜·位

〔註53〕董其昌：《畫禪室隨筆》，收錄於《歷代書法論文選》，503 頁，民國 86 年 4 月，台北華正書局。

〔註54〕董其昌：《畫禪室隨筆》，收錄於《歷代書法論文選》，503 頁，民國 86 年 4 月，台北華正書局。

〔註55〕笪重光：《書筏》，收錄於《歷代書法論文選》，523 頁，民國 86 年 4 月，台北華正書局。

置》有云：「假如立人、…，一切偏旁皆須令猝長，則右有餘地矣。〔註56〕」；

「衸」（1.2.16-7）形、「江」（1.1.2-19）形，左右部件大小差距頗巨，二字例左右大小位置互易，右側部件「已」、「工」形向右下極度位移，右上與左下留對角空白，為左高右低的部件位移誇張；「足」（1.1.27-1）、「是」（1.1.18-1）二形為上下部件位移的誇張，其上端的部件「口」、「且」形偏右，與下端部件「止」形偏左作左右位移的誇張。其他尚有例如（1.2.11-16）形的既大小且疏密等等不勝枚舉的誇張體勢，限於篇幅不多作贅述。

第二節　布字排列與行氣

筆畫的集合結構成單字，單字的集合排列則構成行與列，而行列間上下左右字的間距安排、呼應空間關係則是構成完整篇幅書法作品。因此書法除了筆法的熟煉外，結字、組行、構列、成幅也是書法的重要核心課題，朱和羹即認為分布排列的章法為學書要訣，於《臨池心解》云：

「分行布白，為入手要訣。〔註57〕」

完白山人認為單字筆畫集合的分布排列，要把疏密做到極致，且要將筆畫間無的空白當作有的線條看待，書作才有奇趣，包世臣《藝舟雙楫》記述云曰：

「…受法於鄧石如完白，曰：『字畫疏處可以走馬，密處不使透風，常計白以當黑，奇趣乃出。』〔註58〕」

孫過庭《書譜》亦云：

「至如初學分布，但求平正；…復歸平正。〔註59〕」

這裡所說的「分布」即是單字的筆畫組合排列或篇幅裡字與字間的布字排列。剛開始的平正，其結構為固定死法，復歸最終的平正，則是融會變通之後而出的。

〔註56〕姜夔：《續書譜・位置》，收錄於《歷代書法論文選》，363 頁，民國 86 年 4 月，台北華正書局。

〔註57〕朱和羹：《臨池心解》，收錄於《歷代書法論文選》，695 頁，民國 86 年 4 月，台北，華正書局。

〔註58〕包世臣：《藝舟雙楫》，收錄於《歷代書法論文選》，599 頁，民國 86 年 4 月，台北，華正書局。

〔註59〕孫過庭：〈書譜〉，收錄於《歷代書法論文選》，116 頁，民國 86 年 4 月，台北，華正書局。

布字排列的章法要錯落自然如眾星、筆隨意轉且不露痕跡，蔡邕《九勢》云：

「夫書肇於自然，自然即立，陰陽生焉。〔註60〕」

布字排列即是安排，而安排要有爲若無爲地自然不著痕跡，劉熙載《藝概》云：

「書要有爲，又要無爲，脫略安排俱不是。〔註61〕」

布字排列與行氣即書法構成的布局，亦稱爲章法。章法亦即有秩序性、規則性、或條理性的法則。顧名思義，中國書法的布白，即依據此秩序性、規則性、條理性與法則性在作品紙幅中空間的形式安排。〔註62〕章法也是篇幅內字的賓主、實虛、疏密、參差等如陰陽晝夜的變化。清代畫家鄒一桂在《小山畫譜》裡說：

「章法者，以一幅之大勢而言，幅無大小，必分賓主，一實一虛，
一疏一密，一參一差，即陰陽晝夜消息之理也。〔註63〕」

對布字排列的章法，王羲之《題衛夫人筆陣圖後》道：

「…意在筆先，然後作字。若平直相似，狀如算子，上下方整，前
後齊平，便不是書，但得點畫耳。〔註64〕」

除要忌諱「狀如算子」的平板排列布字外，尚要字字別具意態，不可雷同，王羲之《書論》又道：

「若作一紙書，須字字意別，勿使相同。〔註65〕」

董其昌認爲章法就是行間的茂密，於《畫禪室隨筆》即云：

「古人論書，以章法爲一大事，蓋所謂行間茂密是也。…右軍〈蘭
亭序〉，章法爲古今第一，其字皆映帶而生，或小或大，隨手所如…。
〔註66〕」

〔註60〕蔡邕，《九勢》，收錄於《歷代書法論文選》，6頁，民國86年4月，台北，華正書局。

〔註61〕收錄於《歷代書法論文選》，665頁，民國86年4月，台北，華正書局。

〔註62〕見李蕭錕：《書法空間藝術》，3頁，2005年8月，石頭出版社。

〔註63〕見李蕭錕：《書法空間藝術》，3頁，2005年8月，石頭出版社。

〔註64〕王羲之：《題衛夫人筆陣圖後》，收錄於《歷代書法論文選》，25頁，民國86年4月，台北，華正書局。

〔註65〕王羲之：《書論》，收錄於《歷代書法論文選》，26頁，民國86年4月，台北，華正書局。

〔註66〕董其昌：《畫禪室隨筆》，收錄於《歷代書法論文選》，505頁，民國86年4月，台北，華正書局。

對篇幅的布字排列和行氣，笪重光《書筏》亦云：

> 「…光之通明在分佈，行間之茂密在流貫，形勢之錯落在奇正。〔註67〕」

又云：

> 「精美出於揮毫，巧妙在於佈白。〔註68〕」

再云：

> 「黑之量度爲分，白之虛淨爲佈。〔註69〕」

解縉《春雨雜述·書學詳說》則曰：

> 「上下連延，左右顧瞻，八面四方，有如布陣；紛紛紜紜，斗亂而
> 不亂；渾渾沌沌，形圓而不可破。〔註70〕」

　　以上爲晉唐以後歷代對行列布置章法的相關書論，省視前代戰國郭店竹
簡《老子》書法的章法表現亦極適用。文字由上而下的縱向排列組合稱爲
「行」，以橫向的排列組合稱爲「列」。竹簡《老子》書法雖是字字獨立，字
與字存有間距，行氣難與行、草書比擬，但其字形仍有間距不等、大小不均、
筆畫粗細及筆勢變化，並不流于平板，如後世宋代米芾《海嶽名言》云：

> 「篆籀各隨字形大小，故知百物之狀，活動圓備，各各自足。〔註71〕」

清朝劉熙載《藝概》云：

> 「書之章法有大小，小如一字及數字，大如一行及數行，一幅及數
> 幅，皆須有相避相形、相呼相應之妙。〔註72〕」

現代林師進忠亦有言：

> 「自殷商至東周的文字有大有小，各字不同；有長有短各字不一；
> 橫線有斜度，自殷商至東漢均同，惟角度有差異。〔註73〕」

〔註67〕笪重光：《書筏》，收錄於《歷代書法論文選》，521頁，民國86年4月，華正
　　　　書局。

〔註68〕同上，522頁。

〔註69〕同上，523頁。

〔註70〕解縉：《春雨雜述·書學詳說》，收錄於《歷代書法論文選》，463~464頁，民
　　　　國86年4月，台北，華正書局。

〔註71〕米芾：《海嶽名言》，收錄於《歷代書法論文選》，333頁，民國86年4月，台
　　　　北，華正書局。

〔註72〕劉熙載：《藝概》，收錄於《歷代書法論文選》，663頁，民國86年4月，台北，
　　　　華正書局。

〔註73〕參見林進忠：〈新出土商周秦漢墨跡文字的篆隸筆法研究〉，2000年8月~2001
　　　　年7月，國科會，89-2411-H-144-004-。

竹簡《老子》的書法即有此特性，緣於簡寬的因素，竹簡《老子》的書法外輪廓線看似較近所謂「直柱式」〔註74〕，行列的空間屬於有行無列形式。竹簡《老子》據出土報告爲「先編後書」形式，亦即先將竹簡編聯成冊後行再行書寫，文字富有大小隨形、字距長短不一、疏密虛實、參差奇正的變化，以簡長相同甲本爲例，其長度同爲 32.3 公分，雖然各簡行行分明，各字獨立，但是各簡的字數卻不一致，每字的大小也不相等，各字的間距也不均一，例如第三簡 29 字，字距最短 0.2 公分，最長 1.1 公分；第五簡 25 字，字距最短 0.3 公分，最長 1.3 公分，布字排列甚有變化。

以下就竹簡《老子》書法其文字排列的字距和字座的關係，探討單字縱橫字勢的布字排列與行氣。戰國郭店竹簡《老子》的竹簡寬度約 0.4～0.7 公分，簡文因受寬度的限制，字的橫向空間幾乎用盡難再伸展，筆畫較多的字只能往縱向發展，因此字形體勢以縱長者居多，例如「浴」字將左側水旁移於字下作 （1.1.2-25）縱勢字形，與無寬度限制的楚帛書 橫勢的字形大異其趣，然而簡文並非每個字皆採用縱勢結字，以橫向取勢的字形亦甚多見，例如 （1.1.8-22）、（1.1.25-24）形。

一、字勢縱橫與布字舉隅

所謂字勢縱勢是指筆畫構成字形後呈高長的字貌；橫勢則是字貌作扁平狀而言。竹簡文字受限於簡寬多採縱勢字形居多，扁平或接近方形的字形相對數量較少，高長、扁平與方正字形融合後迭宕縱橫，饒富變化，以下分別列舉探討竹簡《老子》甲、乙、丙本單簡內文字的縱橫字勢布字排列情形：

〔註74〕參見李蕭錕：《書法空間藝術》，18 頁，2005 年 8 月，台北，石頭出版社。

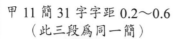

甲 11 簡 31 字字距 0.2～0.6
（此三段爲同一簡）

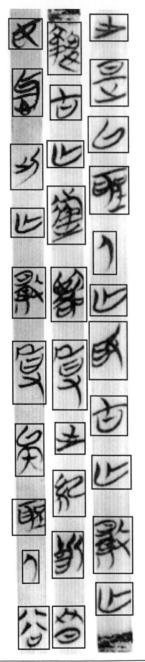

以竹簡《老子》甲本第 11 簡（見左圖）爲例，簡長 32.3 公分，簡寬 0.5 公分，書有 31 字，字距在 0.2～0.6 公分之間，其字距最小者於第一行「亡爲」二字之間 0.2 公分，字距最大者不落於編繩「亡執、始此」之間（0.5 公分），而於第三段「亡敗」二字之間 0.6 公分。由此觀察，其布字間距疏密排列並無固定，隨字形及書寫者意識作變化，字距以第一段及第二段較密且富疏密變化，第三段字距較疏且疏密變化較弱。

勝壬生先生說：「（簡帛文字之）字形趨於扁平，欹斜，筆勢圓較流麗，…有的簡易草率…〔註75〕」但觀察郭店楚簡《老子》甲乙丙三本字勢縱長橫扁皆有，且無草率之感，例如甲本此簡橫勢的字形有 5 例，占 16.12%；縱勢的字形有 19 例，占 61.29%；字形方形的有 7 例，占 22.58%。

少筆畫的字多以橫勢字形爲主，以第一字「之」形高度 0.3 公分最扁平，然而二例「人」形筆畫雖少卻是最細長且小，尤其第三段的「人」形爲此簡最小字形；採縱勢字形主要是受竹簡寬度的限制，多以筆畫多者爲主，以第二行「事」形 1.0 公分最縱長；筆畫不多不少者多的字以接近方形爲主。

在比率占近四成方正、扁平字形與六成多高長的字形混合搭配排列後，呈現迭宕縱橫交錯的布字排列變化。

〔註75〕橫田恭三：〈戰國楚系簡帛文字的變遷-以字形爲中心-〉，《第三屆中國書法史論國際研討會論文集》，259 頁，1998 年，文物出版社。

乙 3 簡 23 字字距 0.4〜1.1

（此三段爲同一簡）

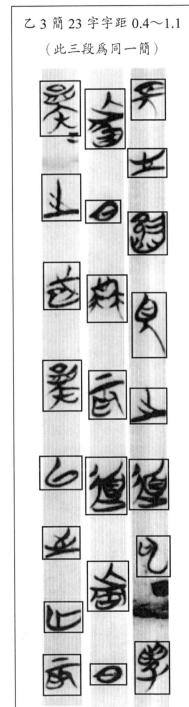

　　乙本第 3 簡簡長 30.6 公分，簡寬 0.6 公分，書有 23 字，每字距離於 0.4〜1.1 公分之間，字距最短者 0.4 公分於第一段「道也」二字之間；字距最大者 1.1 公分在第一道編繩「也學」二字之間，其間的墨塊標誌符號或許促使字距加大的原因。

　　乙本此竹簡略短於甲本不及 2 公分，略寬於 0.1 公分，但字數卻少甲本第 11 簡 8 字，字距亦明顯大於甲本，布字排列較甲本相對疏朗，而其字形並未因字距加大而加大或加長，最縱長的「見」字也僅多出甲本的「事」字 0.1 公分。

　　乙本此簡縱勢字形 11 例，占 47.82%，以「見」字 1.1 公分最縱長；橫勢字形 6 例，占 26.08%，以「日」字 0.25 公分最扁平；近方形字勢亦 6 例，占 26.08%。

　　此簡布字排列以第一段較富疏密變化，且字形方、扁、縱長皆有；第二段字距較第一段大，二例極小且扁平的「日」字所留的空白在章法佈局上，與字形大小變化形成大差距的律動關係；第三段前半段四例字形多縱勢，字距較一致，變化較少，後半段四例字形三扁一方長，字距亦有疏密變化，與並例的第一、二段後三例字形及疏密錯落，形成極佳的布字排列章法（如右圖）。

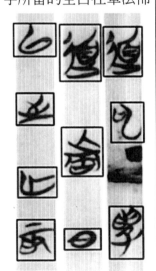

丙 1 簡 23 字字距 0.3～1.5
（此三段為同一簡）

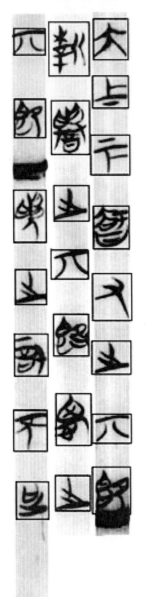

丙本第 1 簡簡長 26.5 公分，簡寬 0.5 公分，書有 23 字，各字字距在 0.3～1.5 公分之間，字距最短者 0.3 公分於第一段「大上」二字之間；字距最大者 1.5 公分在第三段末二字「足安」之間，此二字的字距留空在此簡中極為特殊，其間無編繩亦無文句段落的標誌符號。

丙本第 1 簡簡長與甲本第 11 簡簡長相差約 6 公分，甲、丙本竹簡 6 公分內同樣約可書寫 6 字，因此甲、丙本的平均字距接近。

此簡橫勢字形 5 例，占 21.73%，以第三段第一字「其」形 0.3 公分最扁平；縱勢字形 14 例，占 60.86%，以第三段第三字「𡗕（侮）」形 0.9 公分最縱長；接近方形字形 4 例，占 17.39%。

字距的布字排列章法，以第一段的疏密變化最大，字形縱、橫、方形皆有，分配均勻；第二段字距疏密較均一變化較少，字形橫勢和方形落於中間，偏縱長者分布於上下；第三段字距較疏朗，疏密變化少，末二字的大疏空最為奇特，二例扁平字形分置於上下，中間字形皆較縱長。此簡分三段併排後，其布字排的亦甚協調可觀。

二、字座關係與開闔舉隅

　　字座是指該字所占的空間大小；開闔則是指單行各字的外輪廓線寬窄。無論篆、隸、草、行、楷何種書體均有字座及開闔，只有字座大小與開闔寬窄之分，小篆與楷書字體其字座和開闔變化可能較小，而行、草書字體的字座和開闔變化差異相對較大，以下試就竹簡《老子》甲、乙、丙本舉隅其字座關係與開闔變化：

甲 24 簡 24 字字距 0.1～1.3	（一）字座關係舉隅：（此三段為同一簡）
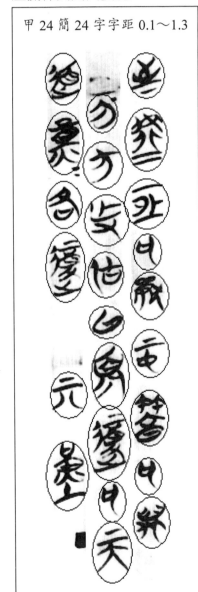	甲本第 24 簡簡長 32.3 公分，此簡書有 24 字，字距最小 0.1 公分於第一段「也、獸」之間，最大字距於第三段「復、其」之間 1.3 公分。第三段標誌符號墨塊後餘有 6.7 公分空白無字。 　　此簡字形最小者為第一、二段的「也」字，第二、三段的「復、菫」二字最大。筆畫多字形多較大且所占空間亦多，周圍空間受到擠壓，在篇幅章法屬於較密實；筆畫少字形較小所占空間亦少，周圍留有空白，在篇幅視覺較疏空。然而字座並不因筆畫多字形大而大，反而因筆畫少且小的字形因周圍餘有空間視覺顯得字座較大。除此之外，上下字距的空間也是影響字座大小的因素，如第三段的「復、菫」二字間距 2.3 公分，其間的「其」字字座最大，第二段的「須、也」字距 1.2 公分，其間筆畫多的「復」字字形大且擁擠，實際字座也大，但視覺上並不如第一段的「至、虛、中、也」和第二段前五字及第三段末二字其、菫的字座大。

甲 24 簡 24 字字距 0.1～1.3

（二）行的開闔變化

以相同甲本第 24 簡為例，其簡寬 0.5 公分，除字形較窄小的「也」字外，其餘各字橫向空間幾已用盡，甚至有些筆畫已超出簡外，儘管如此其字的外輪廓線僅能受限於簡寬的 0.5 公分之內。

緣於楚文字的造形以圓曲為主，加上其筆畫長短、部件位移與字本身的幾何造形等因素，使其外輪廓線較方形字形更富變化（見左圖）。第一段第「」虛、互字因字形較近方形，其外輪廓線呈直柱式，「互」字下以後的字形寬窄大小均有，外輪廓線變化甚大，開闔變化極為可觀；第二段前四字大小較接近，其開闔變化較少，「以」字以下五字外輪廓線隨字形大小及寬窄作變化；第三段字形寬窄較接近，外輪廓線的變化不若第一、二段佳。

由此簡觀察，其文字大小錯落自然，印證林師進忠所言：「自殷商至東周的文字有大小、有長短、橫線有斜度〔註76〕」。楚簡文字的外輪廓線隨著字形的寬窄開闔作變化，文字的大小寬窄與筆畫長短和部件位移皆影響著條行的開闔變化。由此簡的外輪廓線變化，使我們從新瞭解在有限的簡寬限制下，楚簡文字雖不是行草書體，但其開闔變化亦甚有可觀。

〔註76〕參見林進忠：〈新出土商周秦漢墨跡文字的篆隸筆法研究〉，2000 年 8 月~2001 年 7 月，國科會，89-2411-H-144-004-。

乙 4 簡 25 字字距 0.4～0.7
（此三段爲同一簡）

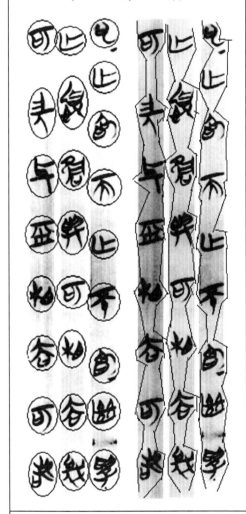

（一）字座關係

乙本第 4 簡簡長 30.6 公分，此簡完整且與甲本長度 32.5 公分接近，僅有 25 字，平均少甲本約 5 字，其字距在 0.4～0.7 公分之間，明顯較甲本疏鬆許多。

此簡字形大小差距較甲本第 24 簡小，與不同書手的書寫習慣有關，以第一段「也」字最小，第二段「憂」字最大。字座的布字排列第二、三段較一致，同樣書 8 字，第三段前 2 字有變化外，其餘橫向的列字形大小與字距幾乎等大而對齊；第三段前 3 字因字形略小相對字座亦縮小，後段「爲」字字座的變動，與「絕」字字距拉近後，迫使「絕」字的字座縮減，而「爲」字上的「不」字的字座加大。

乙本此簡字座的布字排列較規律一致，變化不及甲本第 24 簡豐富。

（二）行的開闊變化

乙本第 4 簡簡寬 0.5 公分，因字形大小及寬窄差距變化不大，所以其字的外輪廓線開闊相對變化較少。5 例「亡、絕、亞」字形近似方形外輪廓線呈直柱狀外，其餘各字因字形的圓曲或幾何造形及筆畫的長短等客觀因素，字的外輪廓線作不同等次的開闊變化，但是三段的開闊變化程度接近，律動性較甲本第 24 簡弱。

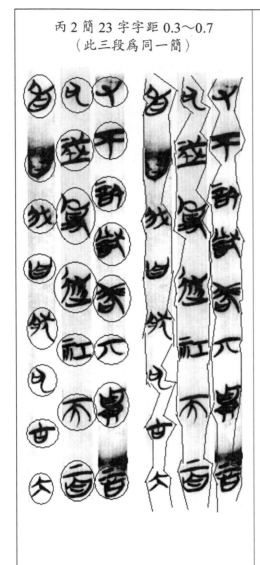

丙 2 簡 23 字字距 0.3～0.7
（此三段爲同一簡）

（一）字座關係

丙本第 2 簡簡長 26.5 公分，書有 23 字，字距在 0.3～0.7 公分之間，字座分布排列較乙本第 4 簡緊密，較甲本第 24 簡略鬆。此簡字形大小寬窄差距頗巨，以第三段末「大」字最小，第二段「事、述」二字最大。

字座排列以第二段最大，第三段因字形較小的居多，雖然多第二段一字，但其字座亦顯得寬鬆，第一段除了後段「貴」字字座較大外，「其」字以下相較於第二段前半段多擠了一字，字座顯得較小。

（二）行的開闊變化

楚簡文字的開闊變化主要受字形本身造形客觀影響，以此簡的字形爲例，其外輪廓線開闊以第三段的末三字最富變化，其次爲第一段的前三字及後段末一字至第二段的前三字，第一段的中段與第二段的中後段因字形的造形寬窄相近似，較無開闊變化呈直柱狀。

三、字勢與行氣舉隅

字勢是指單字其字形所取勢的偏向而言，例如甲本第 30 簡第一段的「吾可以知」等四字經劃出中軸線後其字勢偏右，「其」字中軸線字勢偏左；行氣可分爲各單字上下關係的縱式行氣與多行左右各字間的橫向行氣。縱式行氣即條行各字間字勢中軸線連貫性的脈絡，如第甲本第 30 簡第一段的末三字「知其狀」的字勢中軸線偏向可以連貫。以下就《老子》甲、乙、丙本的字勢與行氣試述舉隅：

甲 30 簡 29 字字距 0.2～0.9

（一）字勢取向：（此三段為同一簡）

　　甲本第 30 簡是完整簡有 32.3 公分長，書有 29 字，字距在 0.2～0.9 公分之間，疏密落差不等。此簡字形的字勢偏左或偏右後下字可以予以修正拉回，例如第一段中間的「吾、可」二字，吾字的中軸線極偏向右，下一的可字立即向左偏移修正，字勢的中軸線經此偏移修正的擺蕩，自然出現動感。

　　字形取勢以第一段各字均有左右偏移分配較勻稱，亦較具有左右擺蕩動感；第二段前四字及後二字「爾、畔」的字勢軸線擺蕩較大，中段各字的字勢軸線較正中，偏移擺蕩較小；第三段十個字以偏向右取勢的字形較多，占七例，字形偏左取勢僅占三例，動勢擺蕩不若第一段。

　　字勢的偏向大多隨筆畫的長短或走向或部件的位移，使字形的重心偏移而改變。筆畫的走向如第一段的「下」字，因其豎劃向左偏移，重心移向右上方帶動字勢向左偏；筆畫長短如第三段的「而」字，其右側的筆畫長過左側，且其重心偏左上方，致使字勢偏向右；部件的位移如第三段中間的「邦」字，其左「阝」右「丰」上下錯位呈左高右低，重心往右下移動，字勢隨著往左偏移。

（二）行氣脈絡

　　行氣連貫的脈動以取決於字形的取勢動向，上下的字勢左右擺蕩其中軸線可以連串者為行氣連貫，中軸線連串的字數愈多其行氣愈佳，如第一段的行氣脈絡可以連貫者為二串，第一串六個字，第二串三個字；第二段中軸線可以連貫作四串，第一串三個字，第二串二個字，第三串三個字，第四串二個字；第三段可以連貫作三串，第一串四個字，第二串也四個字，第三串二個字。而第一段的後三字中軸可以接續第二段的前三字，此串六個字；第二段的末二字中軸線可與第三段的前四個字接續，串連之後此簡 29 字可以連貫作七串，分別為六個字、六個字、二個字，三個字、六個字、四個字、二個字（詳如左圖）。

　　由以上分析觀察，甲本第 30 簡的行氣脈絡分作七段落，行氣連貫最長達六個字且有三段落，前面二段落，中後段一段落，之後再接四個字的段落，其行氣脈絡為：二個長串→二個短串→二個長串→一個短串的排列組合，因此甲本第 30 簡的行氣脈絡並不零碎，而是有節奏性的變化。

乙 13 簡字 23 字距 0.2～0.8
（此三段為同一簡）

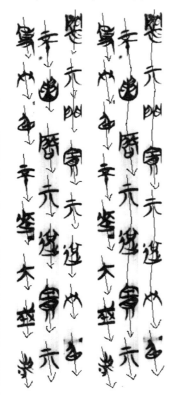

（一）字勢取向

　　乙本第 13 簡略有殘損，簡長餘有 29 公分，書字 23 字，字距疏鬆，最短在第三段前二字「事終」之間 0.2 公分，最長的在第一段後二字「終身」之間 0.8 公分。此簡的字勢取向以偏右占大多數，例如第二段最後一字至第三段全部字勢的中軸線皆偏右。字勢中軸線偏向與持簡和執筆書寫的角度有關，如執簡書寫時，竹簡的外側若偏右字形即會有偏左傾現象，字形體勢的中軸線會向右延伸，研判乙本的書手可能習慣此種執簡方式書寫。

（二）行氣脈絡

　　乙本第 13 簡因字形取勢以偏右居多，字形的中軸線左右偏向不均勻，以第一、二段的行氣較佳，第三段各字中軸線偏向一致無行氣。字形中軸線的行氣脈絡可連貫成串者有四，第一段二串，第二段二串，第三段無。行氣連貫最多的四字有一串，另三串均三字，有 10 字是中軸線偏向一樣行氣無法連貫，占 43.47%之多。字形的中軸線第一段最後一字無法與第二段連串，第二段末字亦無法接續第三段。

　　此簡字形的行氣脈絡分作十四段落，排列狀況為二串→單→二串→單→單→單→單→單→單→單→單→單（如圖），由此觀察此簡的行氣脈絡前半段較佳，後半段則無行氣，乙本第 13 簡行氣脈絡的連貫性遠不及甲本第 30 簡。

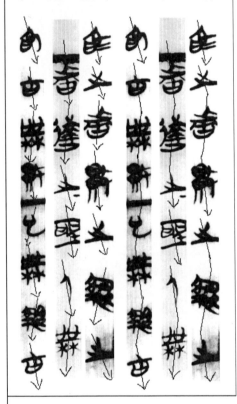

丙 11 簡長 21 公分 21 字
字距 0.2～1.0（此三段爲同一簡）

（一）字勢取向

丙本第 11 簡略有殘損，長 21 公分，存有 21 字，字形大小參差，字距於 0.2～1.0 公分之間，疏密錯落不一，第一、二段字距較疏，第三段較密，最密在第三段「無敗」二字之間 0.2 公分，最疏於第一道編繩第一、二段接續處「之者」二字之間 1.0 公分。

丙本第 11 簡的字形動勢取向的變化與甲本第 30 簡較接近，字勢中軸線擺蕩以第三段左右擺蕩較均匀，字形傾斜致中軸線擺蕩以第一段末三字「之執之」幅度較大，第三段「無敗」二字擺蕩幅度較小，此簡字勢取向偏右有 14 例，占 66.66%，偏左 7 例，占 33.33%。

（二）行氣脈絡

丙本第 11 簡經由字形取勢動向的軸線行氣脈絡觀察，字勢軸線脈絡有連貫者爲五串，四短串均爲三字一串，一長串七字，單一無法串連二字爲第一段前一字「爲」與第二段中間「聖」字。字形行氣連貫性頗佳，尤其第三段有多達七個字形的字勢中軸線可以連串一氣。此簡第一段末字與第二段前一字的字形中軸線無法連串，第二段末字與第三段前一字的字形中軸線可以串連。

此簡字形取勢動向的軸線行氣脈絡可分爲七段落，排列情形爲：單→二短串→一短串→單→一短串→長串。其行氣相較甲本第 30 簡略遜一籌，但卻較乙本第 13 簡爲優，由此觀察，丙本的書手書法功力水準極高。

甲本 1～5 簡	篇幅布字排列情況 （甲本簡長約 32.5 公分，每簡約 25～29 字）
	布字排列或可稱之爲「章法」，即篇幅之整體構成效果。 　　書手透過點畫書寫，從單字構成到整列構成再到整篇的構成（郭店《老子》爲先編後書），其點畫相映、字字觀照，這些創作的元素，布字的排列涵蓋有字的墨色和無字的布白。清代蔣和在其《書學雜論》中說道： 　　　「布白有三，字中之布白，逐字之布白，行間之布 　　　白〔註77〕。」 說的是單字內的結字布白、字距間的布白和行間的布白循序的三個關係。而朱和羹於《臨池心解》中亦說： 　　　「作書貴一氣貫注。凡作一字，上下有承接，左右 　　　有呼應，打疊一片，方爲盡善盡美。即此推之，數 　　　字、數行、數十行，總在精神團結，神不外散〔註78〕。」 小的章法是一字的構成，單字的章法講究「氣」的貫注，點畫承接呼應，一氣呵成，氣脈連貫才是佳構；大的布字章法則是一行或數行，甚至一幅到數幅，考慮的是字與字的關和行與行的呼應承接，達到精神團結，神采飛動的佳境。 　　左圖爲楚簡《老子》甲本 1～5 簡，文字雖然每簡獨立，章法布局無法與帛書等整幅作品相提並論，但因爲是竹簡先編聯後再書寫，其篇幅章法的構成仍然甚有可觀。在其每字獨立規整的篆書中，字形敧側多姿、形態優美。字形有大小、疏密、長短，線條有粗細、輕重，墨色潤燥相參，饒富變化。緣於各簡字數不一，第 5 簡 25 字最疏，第 2 簡 29 字最密，字距相較於乙本 1～5 簡緊湊，呈現字距間隔不等，各列左右字不對齊，布字排列參差錯落有致，猶如眾星羅列，極爲自然，對照後世對章法的書論，所言甚是。

〔註77〕蔣和：《書學雜論》，《明清書法論文選》，651 頁，1995 年 4 月，大陸，上海書畫出版社。
〔註78〕朱和羹於：《臨池心解》，《歷代書法論文選》，736 頁，1979 年 10 月，大陸，上海書畫出版社。

甲本 1～5 簡	篇幅橫向行氣布字排列情況舉隅
	簡《老子》甲本第 1～5 簡均完整無殘損情況，竹簡雖然是先編聯再書寫，各字亦規整獨立，但其字形縱長、橫扁、方整皆有，且字形大小、筆畫長短不一，布字排列形成字距不均、疏密不等與左右不對齊的「有行無列」狀態，因此，橫向「列」的行氣波動極大。而其列的軸線波動前二個字較小，從第三字起變化逐漸加巨，第一道編繩以下的情況亦接近，但編繩上下的字距各簡不一，第 1、3、5 簡字距較疏，第 2、4 簡較密，而字距的疏密直接影響橫軸線行氣波動。 　　屬於六國古文的郭店竹簡《老子》書體雖然是篆書字體，但它的字形不若後來出現的小篆字形整飭，橫向列的行氣軸線自然無法與之比擬。由左圖觀察分析，經由多行的橫列各字連線結果，相互出現的水平橫軸線波動不但巨大，且呈不規則的橫軸線，橫軸線有波浪狀亦有方折狀，此種甚不規則的橫軸線與行、草書甚至狂草特有的橫軸線變化較爲相似（如徐渭七言絕句軸）。 　　竹簡《老子》甲本第 1～5 簡各簡寬約 0.5 公分，受簡寬的限制，簡文多數字形皆有逼邊甚至筆畫出簡狀況，而逼邊的字勢在橫向的視覺表現上有極大張力效果，爲竹簡書法特殊的橫向視覺感觀。

乙本 1～5 簡	篇幅布字排列情況 （乙本簡長約 30.6 公分，每簡約 16～25 字）	
	**局部** 	乙本 1～5 簡的布字排列，1～2 簡均有殘損且均餘 16 字，第 2 簡字距較緊湊，3～5 簡為完整簡，字距第 4 簡 25 字最密，第 5 簡 22 字最疏，布字密度約 1.31（每字所占空間，以公分計）。 　　由圖版觀察分析，其字形大小及筆畫組細變化頗巨，例如第 1 簡第 2 字「人」筆畫細輕字形小，第 5 簡第 1、10 字「人」字形雖小，但第一筆極粗重，字形最小者如第 3 簡「日」字，最大者如第 5 簡末「寵」字；筆畫重者如第 1 簡「早」字，筆畫輕者如第 4 簡「為」字。此外簡文字形縱長、橫扁與方整皆有，縱長者如第 1 簡「事」字，橫扁者如第 2 簡「則」字，方整者如第 2 簡「恆」字，其筆畫輕重及字形長扁與字形筆畫多寡和字形大小無關。 　　乙本 1～5 簡上下字間的布字距離極大，空間大於一個的比例較多，布字排列相較於甲本 1～5 簡寬鬆甚多。

篇幅橫向布字排列情況：

　　乙本 1～5 簡各字間的距離雖然相較甲本 1～5 簡為大，但其字的間距不均等、字形大小、筆畫長短不一的共通性一致，雖然也是先編後書，但行與行各字的間距並不對齊，行列狀況也是「有行無列」，因此連線後列的橫軸線行氣波動亦極大且不規則，亦與行、草書的橫軸線變化相近。

丙本 1～5 簡	篇幅布字排列情況 （丙本簡長約 26.5 公分，每簡約 20～23 字）	
	局部 	丙本第 1、2、5 簡為完整簡，第 3 簡第 17、18 字間斷損 2 字、第 4 簡第 20 字（含道）字殘斷。 丙本 1～5 簡以簡長內的字數比例比較，其布字的密度與甲本 1～5 簡較接近，甲本簡長約 32.5 公分，約書 27.6 字，密度 1.17；丙本簡長約 26.5 公分，約書 22 字，密度 1.20。布字排列狀況以第一道編繩前的字數分析，除第 1 簡書 8 字外，其餘 4 簡均書 7 字；而第一道編繩與第二道編繩內各簡則同書 9 字；第二道編繩以後因部分簡有殘損及段句字數不一。 從左列圖版觀察，丙本書法字形縱長、橫扁、方整均有，且字形大小、筆畫粗細皆有，布字排列勻稱自然，傳抄書手書寫能力甚佳。 **篇幅橫向布字排列情況：** 丙本的篇幅橫向布字排列第一道編繩前的字數雖因第 1 簡多 1 字，但其橫向各字的軸線接連後呈波浪狀，且其波動幅度不大，反觀第一道編繩與第二道編繩內各簡同書 9 字，但其波動甚不規則且波浪狀、方折狀皆有，顯示其字距疏密變化極大，此種變化與字形長扁、筆畫長短亦有關連。

第三節 書法的藝術表現賞析

郭店楚簡文字是具有楚系文字特點的典型楚國文字，而且其字體流美典雅、婉轉秀麗，爲現有出土楚系文字中的書法精品。這批十六種內容涵蓋經書子書格言及佚文的古書不同於一般的公文和文書，是由專門的人抄寫的〔註79〕。觀察其中的竹簡《老子》書法藝術表現，主要特徵之一是參雜著正、側鋒用筆，其筆畫起筆十分強而有力，且行筆速度快而氣勢強勁。那種強勢而又帶有率意流美的風格中，共通的特性是在同一個筆畫內的粗細對比變化至巨。儘管如此，但因是出自不同傳抄者的手筆（甲本有三種書寫風格，傳抄者有三名，乙、丙本也各有不同的傳抄書手「詳見第四章第四節楚簡老子的書手探討」），雖然也是同時代且同是楚國的書寫體，卻有著截然不同的書寫風格，而且竹簡《老子》的書法字形神采飛揚，在先秦就有這樣的書法藝術表現，足見這些專門的抄寫的書手是訓練有素、且是精通各種用筆而嫻熟精煉的書寫高手，崔南圭即說到：「考慮竹簡這種載體是窄而細的長條，在僅僅6～7毫米的寬度上，想隨心所欲地任意馳騁，是相當難度的，而《郭店楚簡》的表現尤爲突出〔註80〕」，省察竹簡《老子》簡寬僅約 0.5 公分，書手仍能「精準地任意馳騁」，恣意揮灑，崔先生所言是中肯的。

楚簡文字的書法，在同一個筆畫內的粗細對比變化狀若青蛙的幼子蝌蚪，竹簡《老子》的書法多數筆畫也具此類線性，林師進忠對此類狀似蝌蚪的線性表現認爲是「使用毛筆工具必有而自然的現象」，說：

> 「科斗書，是東漢人對孔壁古文書風用筆的別稱。…孔壁古文是數量眾多的簡牘文字，其『科斗』別稱由來必定是緣於筆寫墨迹共具產生的『通性』。近年出土的筆寫墨迹顯示，從周至戰國，包括六國與秦，『線質起止具有粗細變化』是共同並具的，這是使用毛筆工具必有而自然的現象。〔註81〕」

此外，郭店楚簡文字部分多靠傳抄古文對照釋讀，而傳抄古文部分與郭店楚簡文字相近似，此種現象李學勤認爲，流傳的孔壁古文極可能是楚國併吞魯

〔註79〕 荊門市博物館：《郭店楚墓竹簡》，1 頁，1998 年 5 月，北京，文物出版社。

〔註80〕 崔南圭：〈郭店楚墓竹簡・上海博物館藏戰國楚竹書的隸變現象中用筆的隸化〉，《近百年出土書蹟國際學術研討會論文集》，172 頁，97 年 11 月，台北，中華書道委員會。

〔註81〕 林進忠：〈「說文解字」與六國古文書跡〉，《藝術學報》第 63 期，56 頁，民國87 年 12 月，國立臺灣藝術大學。

國後以楚文字所寫的，曰：

> 「所謂「古《尚書》」，即指漢代前期孔壁發現的古文竹簡《尚書》，
> 傳說是孔子后裔在秦代下令焚書時壁藏起來的。孔壁在曲阜，曲阜
> 爲魯都。魯國在公元前二五六年已被楚國吞併，因而曲阜屢有戰國
> 晚年的楚國文物出土。孔家壁藏的竹簡書籍，很可能是用楚文字書
> 寫的，從孔壁流傳的古文和郭店楚簡類似是自然的。〔註82〕」

　　郭店楚簡的文字傳承自殷商，其中有部分文字仍與殷商相同，部分字形
亦與其他諸系亦相同，部分字形則爲典型的楚系獨有文字，但目前學界多將
其歸稱爲「六國古文」。竹簡《老子》字形部分有鉤連帶筆的篆書草寫現象，
亦有部分筆畫帶有隸意，劉祖信曰：

> 「郭店楚簡上的文字就是這種保留了周代金文特點的楚國地方文
> 字。郭店楚簡的文字爲篆體，少數筆畫帶有隸書的風格，已不是嚴
> 格意義上的篆書，應是篆書向隸書過渡時期的作品。〔註83〕」

對於此種篆書草寫的現象及帶有隸意的筆畫，崔南圭也說：

> 「《郭店楚簡》、《上博楚簡》上的筆畫明顯的快節奏書寫和連筆意
> 識，都與盟書一樣，體現了草篆的特徵，而更多地反映了隸變的現
> 象。〔註84〕」

又說：

> 「因此《郭店楚簡》、《上博楚簡》的手寫體，字體呈方形，結構較
> 緊密，筆畫勻稱，呈現與春秋銘文篆體不同的風格形態，而更接近
> 秦或漢初古隸筆勢。〔註85〕」

雖然《郭店楚簡》與《上博楚簡》皆有篆書草寫的和隸變的現象，但是崔先
生還是認爲基本上還存在著較濃厚的篆意，仍屬於篆書的範疇〔註86〕。

〔註82〕李學勤：〈郭店楚簡與儒家經籍〉，《郭店楚簡研究》，20 頁，1999 年 1 月，遼
　　　　寧教育出版社。

〔註83〕劉祖信撰稿：《郭店楚墓竹簡・老子甲》，23 頁，2002 年 10 月，北京，文物
　　　　出版社。

〔註84〕崔南圭：〈郭店楚墓竹簡・上海博物館藏戰國楚竹書的隸變現象中用筆的隸
　　　　化〉，《近百年出土書蹟國際學術研討會論文集》，184 頁，97 年 11 月，台北，
　　　　中華書道委員會。

〔註85〕同上，184 頁。

〔註86〕同上，185 頁。

　　對於《郭店楚墓竹簡》書法的藝術表現，蔡崇名將其評述分爲：「端莊緊密、婉柔細密、端整遒麗、寬博典雅、清麗俊秀〔註 87〕」等五種書風，其中便例舉《老子》甲本的書法風格是「端莊緊密」類型。以下就郭店楚簡屬於道家典籍的《老子》甲、乙、丙本與《太一生水》書法的藝術表現作賞析：

一、《老子》甲本

　　共有 39 枚竹簡，除第 26 枚有殘損，其餘 38 枚皆完好。甲本各簡所抄寫的文字相貌均是典型的楚系文字，惟經逐字檢視發現甲本有三種不同的書法風格，比對分析結果應是有三名傳抄書手輪流替換書寫（詳見第四章第四節），例如第 8 簡與第 19 簡即是二個不同的書法風格（見表 5-3-1），其書風比較如下：

（一）布字

　　第 8 簡書手布字較緊湊，書有 32 字，布字密度約 1.00 公分，二道編繩處略爲寬鬆；第 19 簡書手布字寬鬆許多，僅書 28 字，布字密度約 1.15 公分，尤其第一道編繩處甚爲寬鬆，第二道編繩處則與其他地方一樣均鬆（見右圖圓圈處，框內字距較密）。

（二）結字

　　二位書手字形結構橫扁與縱長均有，第 8 簡書手結字緊密縮中宮，筆畫部件間多有接連；第 19 簡書手布字不但寬鬆，結字亦較鬆散，筆畫或部件間多不相連接。

（三）用筆

　　二位書手皆有中、側鋒用筆參雜情況，且均見楷體筆勢，第 8 簡書手用筆以中鋒居多，起收筆較圓潤古拙，且線條粗細對比差異較小；第 19 簡書手偏重側鋒甩筆，起止筆多呈頭粗尾細狀，且粗細對比差距極大，筆勢強勁，線性爽利，部份筆畫已見隸書筆勢，如 形。

| 8 簡 | 19 簡 |

〔註87〕蔡崇名：〈郭店楚墓竹簡之書法藝術與價值〉，1998 年書法學術研討會，1998年 12 月 24~25 日。

（四）提按

以線質觀察，二位書手的風格習慣皆有提按動作，但是第 8 簡書手的提按動作較小，橫線筆畫甚至沒有提按起止筆粗細一致；而第 19 簡書手的提按動作頻頻，多數筆畫線性提按分明。

（五）敧正

第 8 簡書手橫畫傾斜度較小，字形較端正；第 19 簡書手橫線傾斜度頗大，字形較敧側。

（六）主筆取勢

第 8 簡書手的書法風格中規中矩較不強調主要筆畫；而第 19 簡書手的書法風格則較強烈，對主要筆畫可見有意識地強調拉長取勢，例如 ![字] 、![字] 、![字] 等形。

（七）同字比較

由二簡中相同的「古」、「玄」、「可」、「不」、「是」等五字；同部件「亦」、「夜」的「亦」形，「事」、「得」的「又（手）」形觀察，第 8 簡書手筆勢溫和，「古」、「可」二字的「口」形筆畫連接，而第 19 簡書手則筆勢強勁，「口」形筆畫不連接；「玄」字第 19 簡書手多作一飾筆三角點；「不」字第 8 簡書手橫畫與乂形連接，第 19 簡書手未連接，二者飾筆形態亦不相同；「是」字第 8 簡書手上下部件緊密相連，線修粗細接近一致，第 19 簡書手各部件皆分離，線條多作頭粗尾細且傾斜度大；第 8 簡書手「夜」字上端「宀」形接筆及開岔角度均與第 19 簡書手「亦」字不同，「火」形書寫筆勢也不相似；「事」、「得」二字的「又（手）」形第 8 簡與第 19 簡二位書手的用筆及書寫習慣明顯不相同。

表 5-3-1

第 8 簡	古	名	可	不	是	夜	事
第 19 簡	古	名	可	不	是	亦	得

甲本第 8 簡（a 組）　　　　　甲本第 19 簡（c 組）

二、《老子》乙本

　　《老子》乙本共有 18 枚，簡長 30.6 公分，竹簡殘損較甲本嚴重，僅 8 枚完整，其餘竹簡下半段均有殘損。《老子》乙本於書手分析探討時發現其書法風格與《太一生水》較相近（第四章第四節），惟仍有差異。《太一生水》計有 14 枚，簡長約 26.5 公分，竹簡僅 7 枚完整，其餘皆下半段殘損。略舉《老子》乙本第 9 簡與《太一生水》第 10 簡試就其書法藝術風格作比較分析：

（一）布字

《老子》乙本第 9 簡書 26 字，平均每字所占空間約 1.18 公分；《太一生水》第 10 簡書有 23 字，平均每字所占空間約 1.52 公分，顯然《太一生水》書手的布字較《老子》乙本爲寬鬆，二者布字排列均有疏密變化，框內爲字距較密，圈內爲字距較鬆（見右圖）。

（二）結字

二者結字縱勢、橫勢皆有，且字形大小、筆畫粗細輕重均有，《老子》乙本書手結字較《太一生水》書手略爲緊密，且有用盡左右兩側簡寬之勢，《太一生水》書手某些字略留有餘地，如「也、昏、以」等字。

（三）用筆

二者筆勢相近，斜線、直線筆畫均以露鋒尖入出居多，橫線筆畫則多作圓筆不露筆鋒，線性以前細後粗較多，用筆中、側鋒參雜，《老子》乙本書手使用拖及側鋒筆居多，豎畫線質多呈入筆尖細底（後）端粗；《太一生水》時見甩筆重按入筆尖細出鋒，如「而」、「天」、「也」、「地」等字線質呈頭粗尾細狀，某些筆畫見有隸書筆勢，如 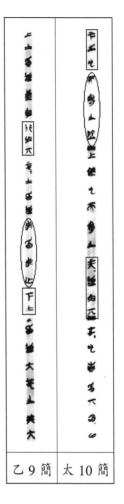 、 等形。

乙 9 簡　太 10 簡

（四）提按

《太一生水》書手提按動作幅度較小，線質較樸拙；《老子》乙本書手筆畫提按動作較大，同一筆畫粗細對比強烈，線質較爽利。

（五）攲正

《老子》乙本書手對字形的攲正變化較多，如上、土橫、豎筆畫的斜正，墓、北字形的攲、正；《太一生水》書手字形略有左傾現象，但攲側一致。

（六）主筆取勢

《老子》乙本書手略有以主筆取勢的態勢，如、二形；《太一生水》表現則較中規中矩。

（七）同字比較

　　觀察同字的「下」、「其」、「上」、「之」（見表 5-3-2）等形橫、豎筆畫的表現，《老子》乙本的線質較有搖擺動作，線性變化度較大，《太一生水》書手的線性表現較無變化；「道」字「辶」形《老子》乙本書手筆畫彎曲弧度較大，作 形，《太一生水》書手的「辶」形較筆直，作 形；「昏」字《老子》乙本書手作 形，《太一生水》書手作 形；「大」字《老子》乙本書手作上下斷開 ，《太一生水》書手「天」字的「大」形作接連 。

表 5-3-2

老子乙第9簡						
太一第10簡						

乙本第 9 簡　　　　　　　　　一第 10 簡

三、《老子》丙本與《太一生水》

　　《老子》丙本計有 14 枚，5 簡完整，其餘 9 簡皆有不等的殘損，簡長約 26.5 公分，據出土報告記載，《老子》丙本與《太一生水》簡長形制及書體相同，原來可能合編一冊，〔註88〕惟比對分析其字形發現二者之書法藝術風格有異，抄寫書手應不同人（參見第四章第四節），略舉《老子》丙本與《太一生水》完整第 11 簡試述如下：

（一）布字

　　二者簡長形制相似，《老子》丙本書有 21 字，布字密度約 1.26 公分，《太一生水》書有 23 字，布字密度約 1.15 公分，與《老子》甲本第 19 簡書手的布字密度相當，《太一生水》書手的布字密度高於《老子》丙本，二者布字間均有距疏密變化（劃圈處較寬鬆，框內較緊密）。

（二）結字

　　字形二者皆有縱長、橫扁，且有大小輕重變化，《老子》丙本橫向空間多已用盡，筆畫多數出簡狀況，橫勢張力頗強，結字各筆畫間多有接連，

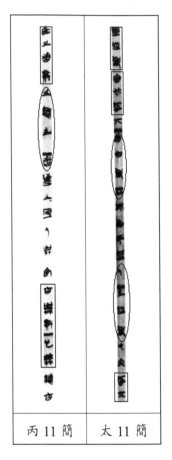

| 丙 11 簡 | 太 11 簡 |

且筆畫間隙較小，字內空間小，結字緊密度高，如 、 、 等形；《太一生水》橫向空間多留有餘地，如「名」、「身」、「人」、「也」等字左右皆有餘空，字形大小變化較大，然而其布字密度雖然較高，但其結字框內筆畫多不相連，因此字內空間較顯寬鬆，例如 、 、 等形。

（四）用筆

　　《老子》丙本與《太一生水》的書寫風格側鋒、中鋒用筆參融，二者某些筆畫見有隸體橫波筆勢如， 、 形，某些筆畫起止亦偶有尖銳露鋒情況，而《太一生水》偶見有隸書雁尾及楷書橫勒筆勢，如 、 形，且其

〔註88〕荊門市博物館《郭店楚墓竹簡》，125 頁，1998 年 5 月，文物出版社。

用筆多用側鋒及甩筆較多，因此筆畫多呈頭重尾輕尖細出鋒狀況，且線性較輕細爽快；《老子》丙本時見中鋒圓筆，線質較沉穩內斂。

（四）提按

《太一生水》線性粗細變化大，顯然書寫提按動作較多；《老子》丙本多數筆畫線性粗細差距較小，線質提少按多。

（五）攲正

二者字形攲正皆有，而《太一生水》字勢攲側較多，《老子》丙本攲正變化少，字形較穩定。

（六）主筆取勢

二者主筆取勢意向不強，偶有少數字例出現主筆現象，例如《老子》丙本 ![字形]、![字形]、![字形] 等形，其主筆取勢呈現單字內疏密對比甚強，《太一生水》![字形]、![字形]、![字形] 等形。

（七）同字比較

「者」字，《老子》丙本筆畫間的疏密均一，下端「古」形與上端部件大小相等，《太一生水》字勢作上疏下密、上大下小，結字構形風格有別；「聖」字，《老子》丙本「耳」形與「口」形等寬，「壬」形向右擠縮，底部橫畫起止筆出簡，字內左下部留空呈現疏密變化，《太一生水》「耳」形與「壬」形均有省筆現象，且字內空間相等，底部橫畫側鋒用筆筆勢強勁；「也」字，《老子》丙本字勢端正，字內空間緊密，末筆彎鉤筆勢圓勁，《太一生水》字勢攲側，字內空間較大，第 1、3 筆使用甩筆出鋒，筆畫粗細對比極強；「人」字，《老子》丙本豎畫筆勢長而強勁，《太一生水》字勢較平正；「古」字，《老子》丙本豎畫偏右，「口」形右傾，《太一生水》豎畫偏左，「口」形較平正；「之」字，《老子》丙本 4 筆畫皆拖筆入簡，起筆尖細，《太一生水》豎畫入筆圓潤粗重，橫畫與丙本入筆相似，惟行筆帶有波勢；「辶」形，《老子》丙本「彳」形撇較短而窄，《太一生水》較長而寬，二者書法風格顯有不同（見表 5-3-3）。

表 5-3-3

老子丙 第 11 簡							
太一 第 11 簡							

丙本第 11 簡　　　　　　　　　　　《太一》第 11 簡

　　傳統以來對篆書形相的普遍認知是文字大小相等、筆畫長短齊整對稱、
線條粗細勻稱一致〔註89〕，但從出土竹簡《老子》甲、乙、丙本及《太一生

〔註89〕 林進忠：〈「說文解字」與六國古文書跡〉，《藝術學報》第 61 期，60~61 頁，
　　　　 民國 87 年 12 月，國立臺灣藝術大學。

水》筆寫墨迹的書法表現體察，東周時期的日常實用書法並非如此。竹簡《老子》及《太一生水》由於是筆寫墨迹，具有毛筆的天然筆性及以手執筆書寫的自然貫性，其書法風格自然離不開「文字有大小長短、點線起止有粗細變化、橫線或有斜度，結字點線未必均齊平行對稱〔註90〕」等特徵。郭店竹簡《老子》及《太一生水》雖然具有以上特性，但誠如崔南圭所說的：「楚簡書法絕非『潦草簡率』的文字〔註91〕」，對照其書法的藝術表現確實如此。竹簡《老子》及《太一生水》字形結構緊密，筆法精鍊，多數學者均認為它是先秦墨迹書法的傑作，而其獨樹一幟的南系書法風格是東周時期書法史寶貴史料的一環，更是學習先秦古文篆書的寶貴典範。

第四節　郭店《老子》在楚系簡帛中的書風特色

本節藉由殷周筆寫墨跡及鑄銘文字的實際狀況，分析探討郭店《老子》的書法風格在整個楚系文字中的特色，內容主要分為二部分：第一部分為竹簡《老子》與同時出土的郭店楚簡其他諸篇的書風探討；第二部分為竹簡《老子》與楚系出土之包山楚簡、上博楚簡、長沙子彈庫楚帛書、信陽楚簡……等的書風比較分析，探求郭店《老子》在楚系簡帛中書法藝術的特色。

體察 1932 年殷墟出土的「祀」字墨跡白陶片和河南洛陽北窰出土的西周早期〈白懋父簋（摹本）〉筆寫墨跡（圖 5-4-1），其線性起止筆多呈尖銳，足見用筆尖銳在殷商已是普遍通見的書法筆法，而殷商晚期〈小臣艅犧尊〉與西周初期〈大盂鼎〉的鑄銘文字也是具有銳筆特性（圖 5-4-2）。

小臣艅犧尊於 1821～1850 年間在山東省壽長縣梁山出土，字體大小粗細變化自然，且多為象形，橫劃左傾，律動性極強。大盂鼎於 1821～1850 年間出土，為西周時期金文代表作。書法強勁有力，筆畫、字體有粗細有大小變化，文字排列已見行列均齊。

觀察殷商筆寫墨跡或鑄銘文字，其筆勢和筆法具有「圓、銳、方、肥」四種特性，且「筆畫有輕重粗細、字形有大小長短、左右未必均齊對稱」，甲

<hr>

〔註90〕林進忠：〈「說文解字」與六國古文書跡〉，《藝術學報》第 63 期，60~61 頁，民國 87 年 12 月，國立臺灣藝術大學。

〔註91〕崔南圭：〈郭店楚墓竹簡・上海博物館藏戰國楚竹書的隸變現象中用筆的隸化〉，《近百年出土書蹟國際學術研討會論文集》，171 頁，97 年 11 月，台北，中華書道委員會。

骨文及大篆均是如此，傳承自殷周的戰國楚系文字，書法具有以上特性亦「自然也」。

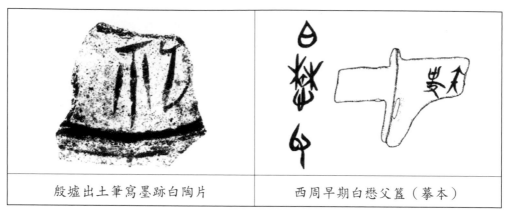

| 殷墟出土筆寫墨跡白陶片 | 西周早期白懋父簋（摹本） |

圖 5-4-1

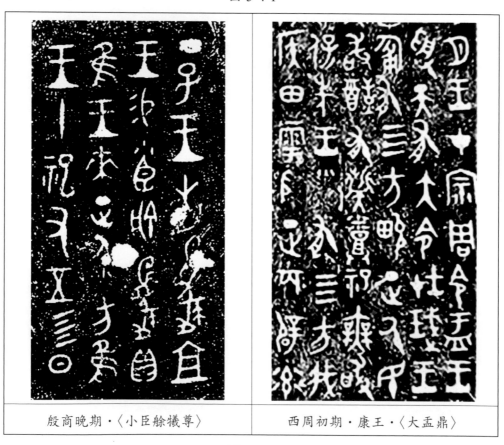

| 殷商晚期・〈小臣艅犧尊〉 | 西周初期・康王・〈大盂鼎〉 |

圖 5-4-2

一、竹簡《老子》與同時出土諸篇的書風

　　竹簡《老子》的書法風格於前章（第四章第四節郭店楚簡老子書手的探討）已作深入探討，甲本經比對分析有三種不同書寫風格，研判應有三名書手輪流抄錄；而乙本、丙本及同為道家典籍的《太一生水》其書手亦各不相同，各有其書風特色，然而此四本在同批郭店楚簡中其書法風格特性仍屬於「典雅、秀麗」類型。

　　此外，郭店楚簡之書法風格雖因書寫者不同而有差異，但其風格差距不大，其中書風較具特色且異於《老子》者屬《性自命出》、《語叢三》、《尊德義》、《唐虞之道》、《忠信之道》，以下試與《老子》甲、乙、丙本作比較：

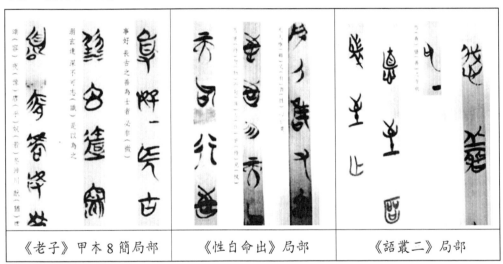

| 《老子》甲本 8 簡局部 | 《性自命出》局部 | 《語叢二》局部 |

圖 5-4-3

　　圖 5-4-3，竹簡《老子》甲本第 8 簡書風穩健，字體端莊內斂；《性自命出》單字內筆畫橫粗直細對比強烈，豎畫細長，書風飄逸瀟灑，其中「奠」、「待」、「習」等字橫線極為厚重紮實緊密；《語叢三》字體較《老子》甲本縱放，用筆圓潤，「德」字形體仍與商周文字相同，「至」字結字頗具特色。

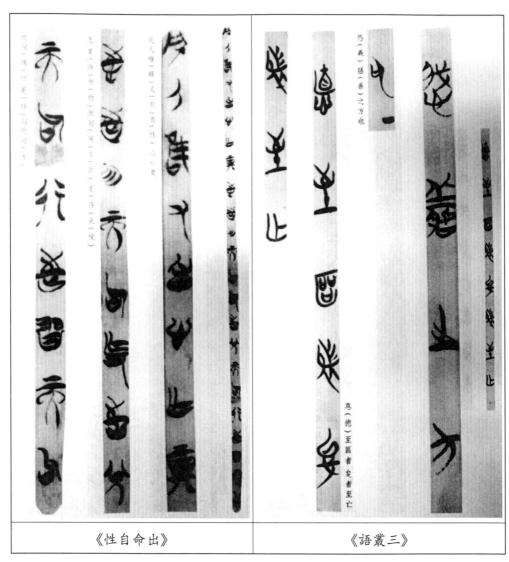

| 《性自命出》 | 《語叢三》 |

圖 5-4-4

　　《尊德義》書風與《性自命出》頗近（見圖 5-4-4 與圖 5-4-5），筆畫同樣具有橫粗直細特性，且對比極大，行筆極富提按動作，在郭店楚簡中書風較特殊；《唐虞之道》書風沈雄，筆畫線質圓勁，即飽滿且厚重，結體密實，「也」字末筆作直線，別具面貌。

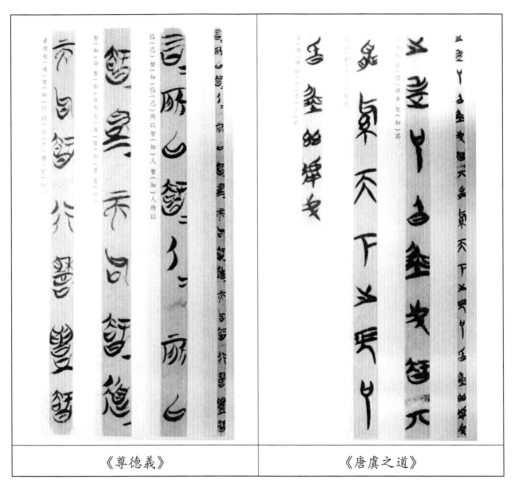

| 《尊德義》 | 《唐虞之道》 |

圖 5-4-5

| 《老子》丙本 12 簡局部 | 《忠信之道》局部 | 《尊德義》局部 |

圖 5-4-6

　　《老子》丙本字形端莊平穩，結字緊收中宮，字形大小輕重及筆畫線條粗細錯落有致；《忠信之道》線質遒勁厚實，結字工穩，筆畫少有長線伸張之勢，布字緊密，「而」字右肩以折筆書寫較爲特殊，其他多以圓轉書寫，如《尊德義》（見圖 5-4-6）；《老子》乙本（見圖 5-4-7）用筆精緻，字形秀雅，結字清朗，布字較《忠信之道》舒展。相較之下，《老子》丙本、乙傳抄書手雖然不同人，但其書風卻較相近，而與《忠信之道》、《尊德義》因用筆習慣截然不同，書風自然迥異。

| 《忠信之道》 | 《老子》乙本第 8 簡 |

圖 5-4-7

二、竹簡《老子》與諸出土楚系簡帛的書風

　　曾侯乙墓竹簡的年代屬於戰國時代早期，書風造詣尤爲高超精妙〔註92〕，用筆頓入尖出，頭粗尾細對比極大，甚具「蝌蚪文」特徵，線性弧度較郭店楚簡《老子》簡文直挺，書風格外「強勁雄健」，相較之下郭店楚簡《老子》之書風顯然「婉約」許多（見圖5-4-9）。

　　戰國早期的曾侯乙墓竹簡書風與春秋晚期三晉的溫縣盟書及侯馬盟書風有許多共通之處，其起筆重按筆勢強勁。溫縣盟書取勢橫向多於縱向，長橫畫偶作迴鉤，侯馬盟書結構縱勢多於橫勢，兩者書風與戰國楚系頗近似（圖5-4-8）。

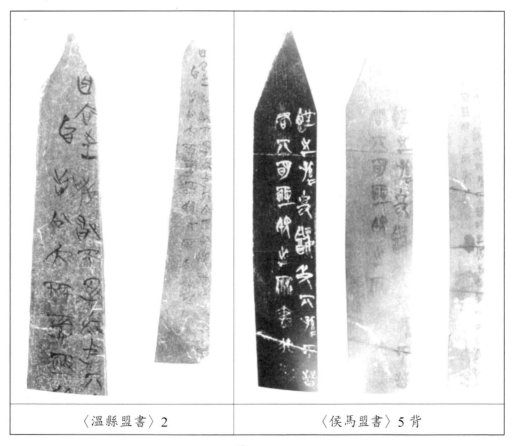

| 〈溫縣盟書〉2 | 〈侯馬盟書〉5背 |

圖 5-4-8

〔註92〕參見林進忠：〈楚系簡帛墨跡文字的書法探析〉，《海峽兩岸楚文化學術研討會論文集》，135、149頁，2002年01月18至19日，國立歷史博物館出版。

簡號 150		
〈曾侯乙墓竹簡〉	郭甲1局部	郭乙1局部	郭丙1局部

圖 5-4-9

　　楚帛書顧名思義其書寫的載體爲「絹繪」或「布帛」，與簡文所書寫使用
的載體「竹簡」有異，其所表現的書法風格自然有別。楚帛書由於書寫在絹
帛上，字形寬度不若竹簡受到限制，其行列有序加上字形偏扁平而近於八分
書，予人楚書型態皆是扁平印象，而事實上細審某些字形仍是以縱長取勢，

為橫、縱勢兼具。楚帛書因使用「繒、帛」為載體，受材質吸墨漲墨的影響，其筆畫線質與書寫在竹簡上所呈現的爽利尖銳不同，粗細較為一致，多呈圓勁狀態，為楚帛書在楚系文字中最大特色（見圖 5-4-10）。

〈楚帛書〉局部

圖 5-4-10

1987 年出土的包山楚簡與郭店楚簡皆是湖北省荊門地區所發現的戰國中晚期墨跡書法。此簡其書風橫線筆畫直曲參用，末端多作下壓回勾態勢，起筆側勢重按，筆鋒銳利，行筆流暢，筆畫重按快提，頭粗尾細，收筆多呈尖銳狀，線質爽利。結字則中宮緊縮，疏密、輕重有致，字態灑脫，布字緊湊，整體書風自然（見圖 5-4-11）。

〈包山楚簡〉局部

圖 5-4-11

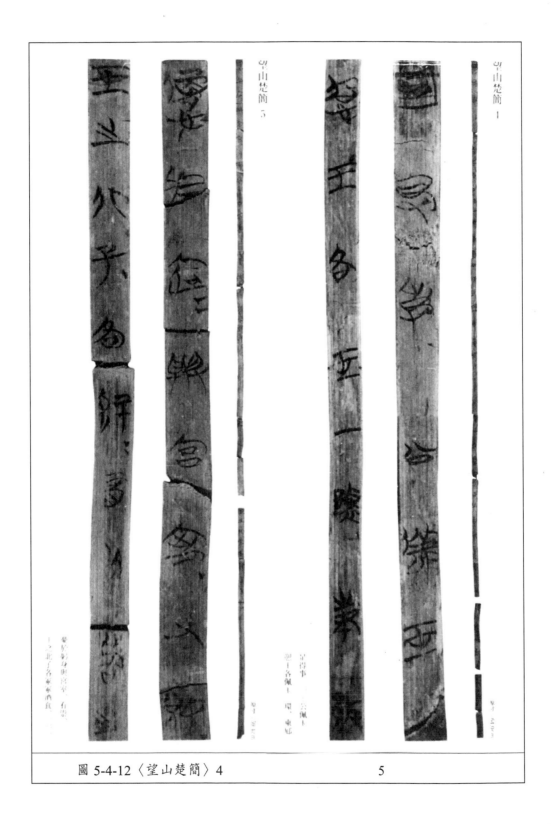

圖 5-4-12〈望山楚簡〉4　　　　　　　5

　　望山楚簡於 1965 年至 1966 年出土於湖北省江陵望山地區，其文字書寫工整，線質圓轉細勁有力，用筆多取側勢起筆，筆鋒藏露互見，橫畫及右斜畫末端多作下壓回勾筆勢，頗具典型楚文字用筆特性，結字緊密，布字間距舒朗（見圖 5-4-12）。

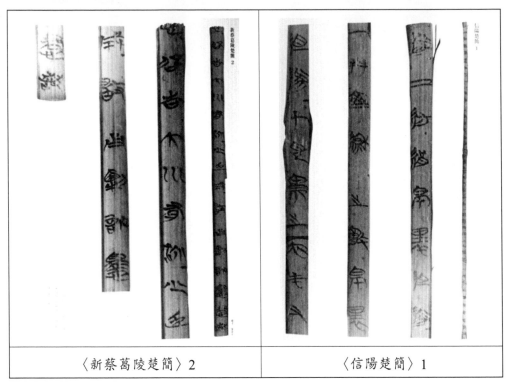

| 〈新蔡葛陵楚簡〉2 | 〈信陽楚簡〉1 |

圖 5-4-13

　　新蔡葛陵楚簡與信陽楚簡（見圖 5-4-13），新蔡葛陵楚簡年代為戰國中期，1994 年於河南省新蔡縣葛陵村發掘出土，此簡書手字跡極為平正工整，用筆內斂，起筆重按出鋒快提，粗細對比強烈，線條頭粗尾細，頗有典型「蝌蚪」文狀貌，筆畫厚實，筆勢強勁，結字多趨於橫勢，緊密紮實，已具扁平隸體字勢與筆法，布字排列嚴謹，間距約可再容一字，緊密的結字與嚴謹的字距空間形成對比強烈的視覺空間效果。

　　信陽楚簡為戰國中期楚簡，於 1957 年 3 月在河南省信陽長臺關出土，其文字書法工整，橫線有楚文字通見的下壓回勾筆勢，線條直畫筆直，弧線圓轉，筆勢強勁，弧直筆畫搭配巧妙，結字緊促，橫縱體勢皆有，用筆工穩老練，布字間距疏密有致。

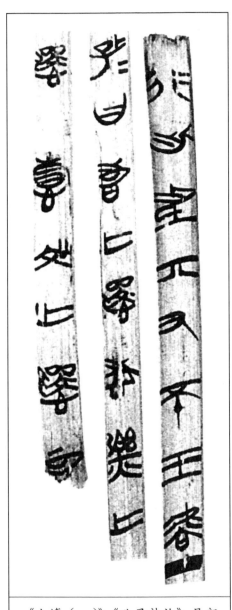

《上博（一）》《孔子詩論》局部

圖 5-4-14

　　《上海博物館藏戰國楚竹書（一）》所收錄之《孔子詩論》（圖 5-4-14），其書法結字紮實，緊收中宮，用筆中鋒圓勁，線條勻整，略有橫粗直細狀況，橫線多作平直，筆勢左傾而不失嚴謹，字勢強勁，布字間距平穩。

　　《 衣》（圖 5-4-15）亦爲《上海博物館藏戰國楚竹書（一）》所收錄的篇章，以第 19 簡爲例，其布字緊湊，筆畫縱橫豪邁灑脫，不拘一格，結字較《孔子詩論》鬆散，略顯潦草。書法用筆側勢拖切重按再快速甩出，起止筆露鋒尖銳，線質前粗尾細，橫畫側起偶現楷法筆勢，結字筆勢左傾而圓轉爽利，書手書風個性強烈。

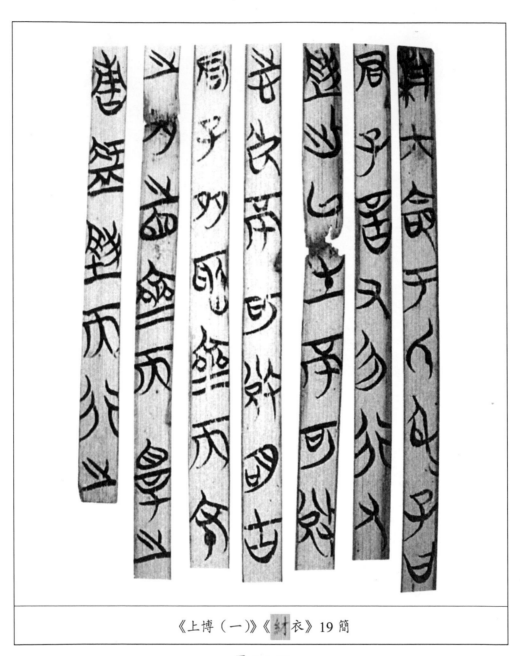

《上博（一）》《紂衣》19 簡

圖 5-4-15

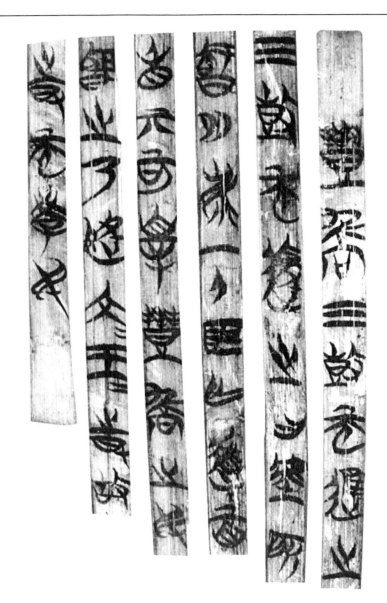

《上博（二）》《容成氏》48 簡

　　《容成氏》（圖 5-4-16）收錄於《上海博物館藏戰國楚竹書（二）》，其橫畫筆勢在平正中略帶右傾，爲楚系簡帛文字中較少見者，書法用筆側拖入簡重按甩出，起止筆尖銳鋒芒畢露，其線條厚重結字緊密平穩堪稱嚴謹，布字排列緊湊，書風渾穆。

圖 5-4-16

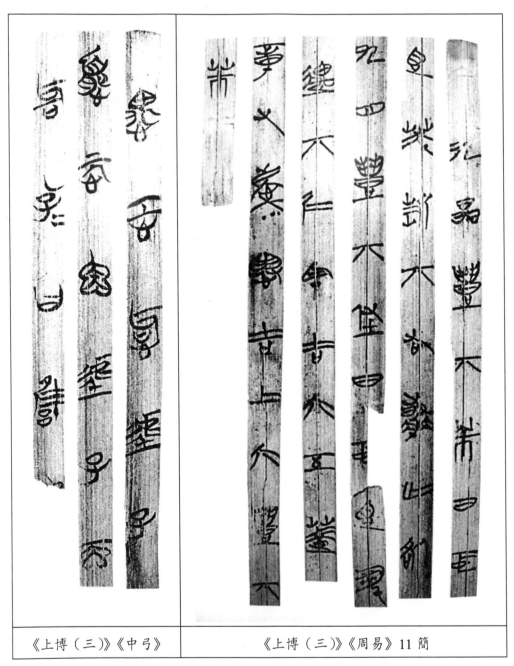

《上博（三）》《中弓》	《上博（三）》《周易》11 簡

圖 5-4-17

　　《中弓》與《周易》（圖 5-4-17），《中弓》爲《上海博物館藏戰國楚竹書
（三）》所收錄的楚竹書，其書法字形工穩典雅，用筆凝練老到，結字緊密，
字距寬鬆。

　　《上海博物館藏戰國楚竹書（三）》所收錄的《周易》，據江柏萱《竹帛書周易書法比較研究》有四位傳抄書手，此第 11 簡爲 D 書手之手跡〔註93〕，此簡書法工穩平正，筆畫線條勻整遒勁，直線平直，圓轉方折參融，用筆精細，結字緊密內斂，布字間距寬闊，書法風格強烈。

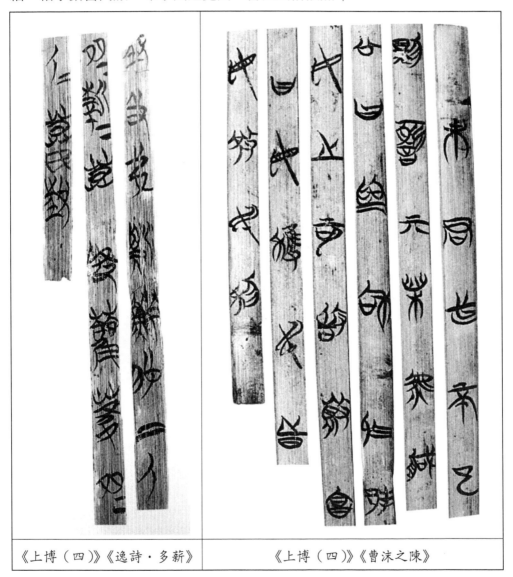

《上博（四）》《逸詩·多薪》	《上博（四）》《曹沫之陳》

圖 5-4-18

〔註93〕參見江柏萱：《竹帛書周易書法比較研究》，56 頁，民國 101 年 06 月，國立臺灣藝術大學碩士論文。

　　《逸詩・多薪》與《曹沫之陳》（圖 5-4-18），《上海博物館藏戰國楚竹書
（四）》所收錄的《逸詩・多薪》，其書法筆勢圓轉，用筆側勢爽利，行筆快
速流暢，線條粗細、輕重互見，結字鬆緊、縱橫皆有，字距短且疏密不一，
書風瀟灑自然。

　　《曹沫之陳》亦收錄於《上海博物館藏戰國楚竹書（四）》，其書法橫畫
平正，偶有右傾為此簡傳抄書手的風格特色，用筆露鋒尖銳，側勢強勁，筆
畫恣意揮灑自然，右斜長線強勁，尖入拖行按壓不露鋒甩出，寫法出眾，線
條粗細、輕重一致，結字緊收中宮，布字排列寬綽。

　　以下以圖版略舉，呈現「上海博物館藏戰國楚竹書」各種不同書法風貌，
舉例如下：

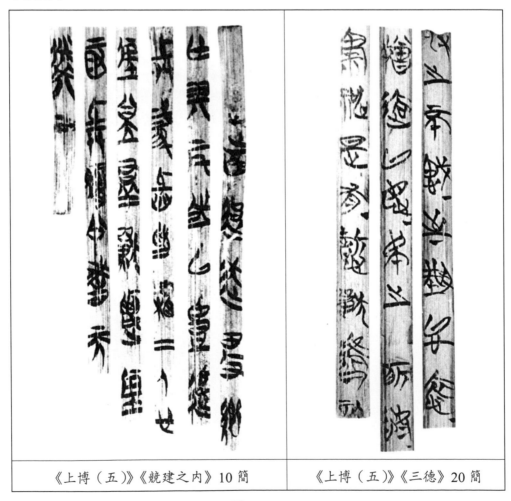

| 《上博（五）》《競建之內》10 簡 | 《上博（五）》《三德》20 簡 |

圖 5-4-19

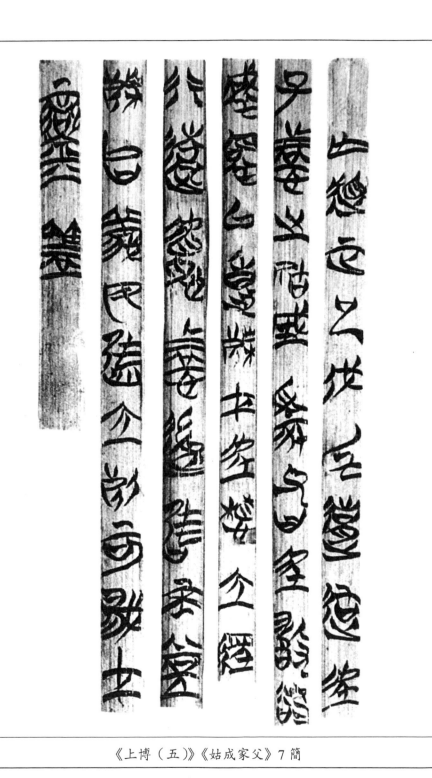

《上博（五）》《姑成家父》7 簡

圖 5-4-20

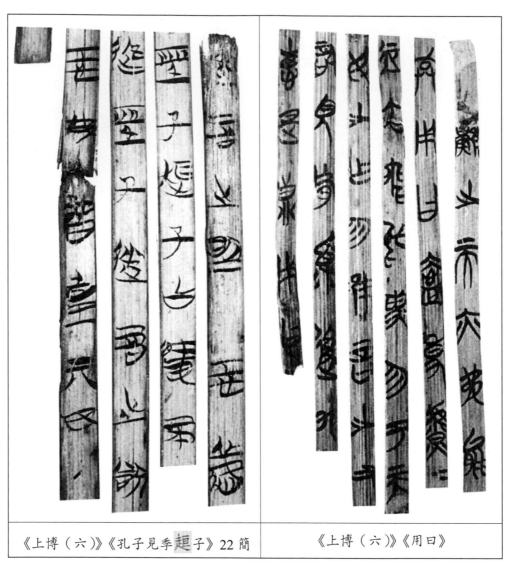

《上博（六）》《孔子見季趄子》22 簡	《上博（六）》《用曰》

圖 5-4-21

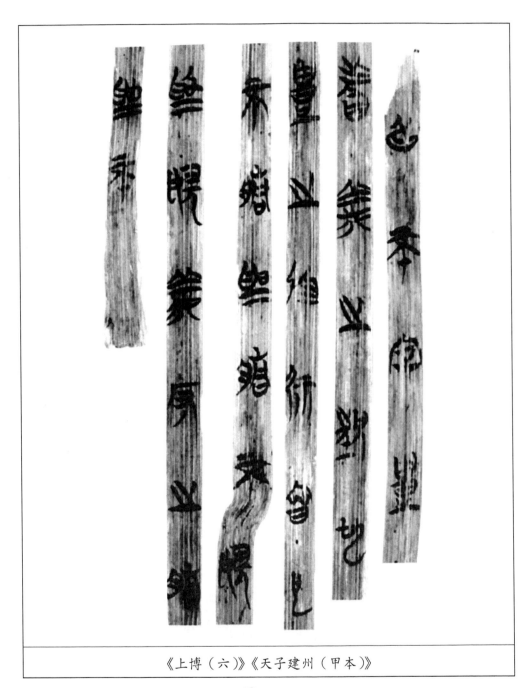

《上博（六）》《天子建州（甲本）》

圖 5-4-22

《上博（六）》《天子建州（乙本）》

圖 5-4-23

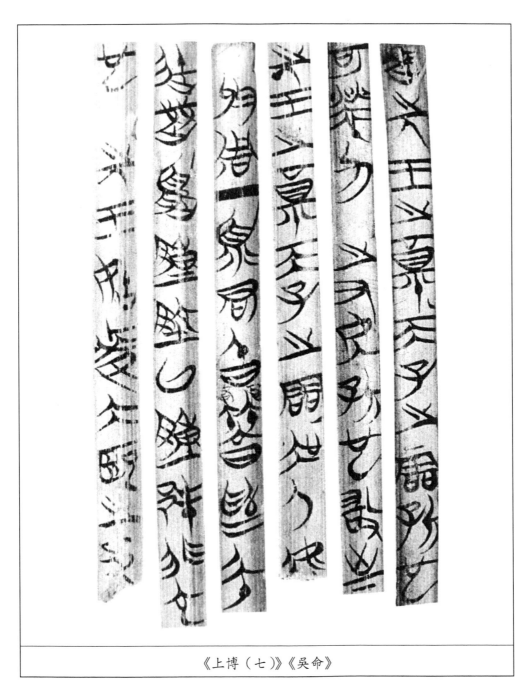

《上博（七）》《吳命》

圖 5-4-24

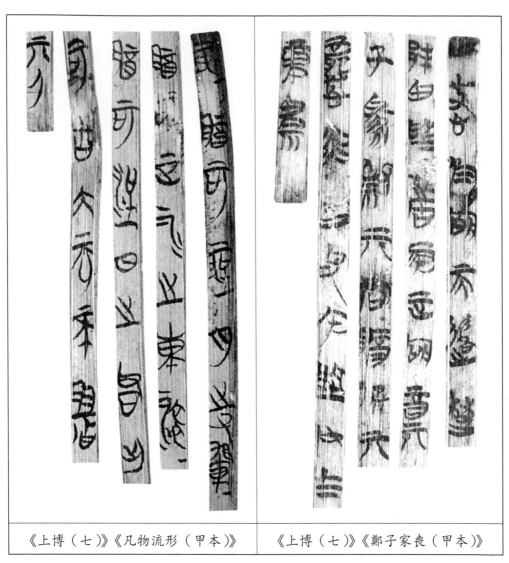

| 《上博（七）》《凡物流形（甲本）》 | 《上博（七）》《鄭子家喪（甲本）》 |

圖 5-4-25

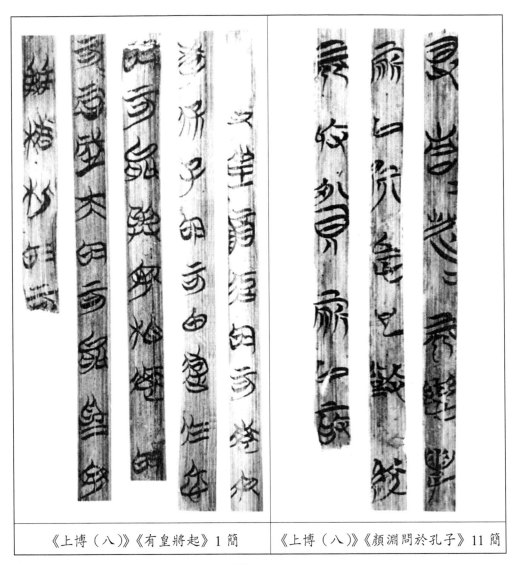

| 《上博（八）》《有皇將起》1 簡 | 《上博（八）》《顏淵問於孔子》11 簡 |

圖 5-4-26

《上博（八）》《李頌》1 簡正

圖 5-4-27

　　此外，大陸清華大學收藏有一批戰國楚簡，該批楚簡由趙偉國 2008 年於香港購得所寄贈，其出土時、地不詳，年代推定爲戰國中期（BC305）。竹簡數量約達 2500 枚（含殘簡，完整簡約 1800 枚），竹簡形制多種，最長 47.5 公分。

　　該批竹簡內容已知約有 60 篇以上典籍，由李學勤等學者持續研究考察中。研究簡報刊載於 2009 年《文物》第六期，有《清華大學藏戰國竹簡（一）、（二）、（三）》專書著錄，分別於 2010、2011、2012 年中正書局刊印。部分已發表之典籍爲：研究人員賈連翔認爲《清華大學藏戰國楚簡（一）》〈尹至〉、〈尹誥〉、〈程寢〉、〈保訓〉、〈耆夜〉、〈金縢〉、〈皇門〉、〈祭公〉、〈楚居〉等九篇可分爲三類，且出自七人手筆。其字體爲典型楚系文字，風格與《包山楚簡》、《郭店楚簡》類似。

　　清華大學藏戰國楚簡各篇中，略舉〈楚居〉（圖 5-4-28）、〈皇門〉、〈保訓〉（圖 5-4-29）與《包山楚簡》、《郭店楚簡》《老子》甲（圖 5-4-30）參照簡述如下：

　　〈楚居〉，其書法橫畫末端多作通見於楚系文字之下卷回勾筆勢，起筆側切厚重，行筆迅急爽利，收筆出鋒尖細，筆勢強勁，筆法精熟，結字工穩紮實、嚴謹緊密，字形趨於橫勢，字距布排勻稱。

　　〈皇門〉，其書法橫豎筆畫平直，字形平正工穩，起止筆較爲圓頓，橫畫重按略提再行，點畫勻稱，用筆嚴謹，結字極工整，布字排列約一字間距，書風內斂。

　　〈保訓〉篇書風特殊，爲已知楚系文字中最具別趣者，其字形結構豎長平正，起止筆藏頭護尾，點畫少肥瘦，運筆愼重穩固、有厚重之筆趣。

　　以上清華大學藏戰國楚簡三篇與《包山楚簡》、《郭店楚簡》《老子》甲本之書風雖因傳抄書手不同而有各自面貌，但其總體風格卻頗爲接近類同。

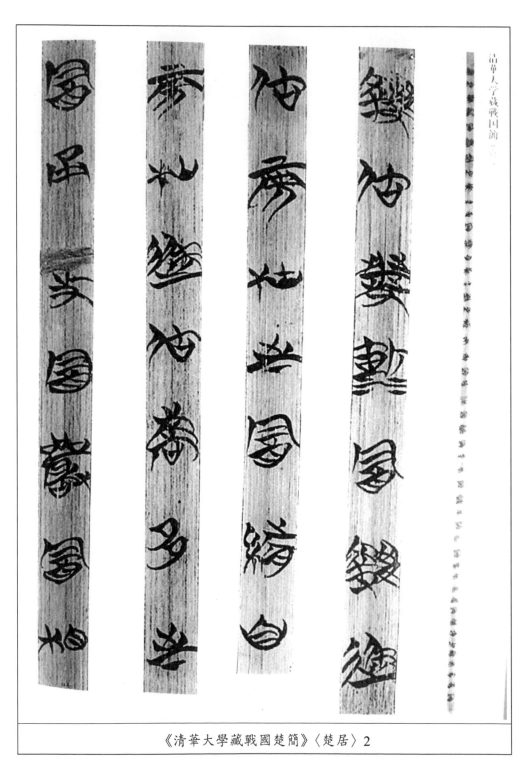

《清華大學藏戰國楚簡》〈楚居〉2

圖 5-4-28

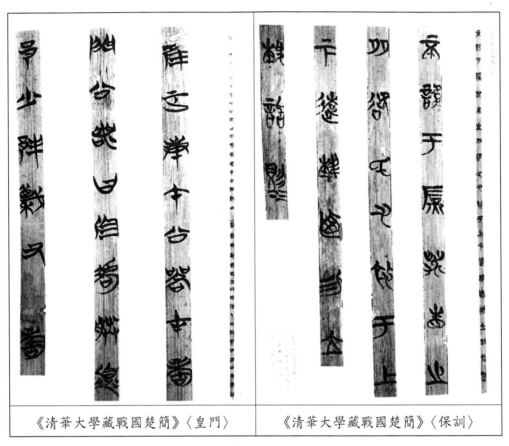

《清華大學藏戰國楚簡》〈皇門〉	《清華大學藏戰國楚簡》〈保訓〉

圖 5-4-29

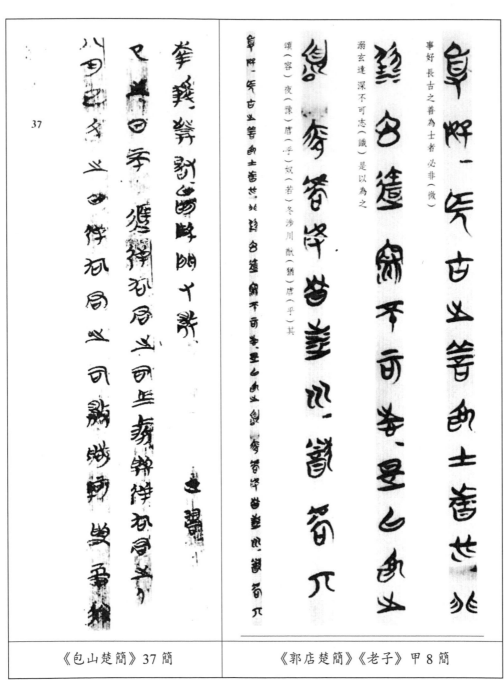

| 《包山楚簡》37 簡 | 《郭店楚簡》《老子》甲 8 簡 |

圖 5-4-30

第六章　結　論

一、仿寫

　　1986 年湖北省荊門市十里舖鎮包山 2 號楚墓出土有戰國時代之書寫工具實物「毛筆」，其總長度 22.3 公分，筆桿葦質細長，末端削尖，筆毫長 3.5 公分，筆毫上端以絲線捆扎，插入下端眼內。毛筆設有竹質筆筒，由兩節竹簡子母口套合，筆筒長 24.5 公分、直徑 2.5 公分。

湖北省荊門市包山楚墓出土戰國時期的楚國毛筆

　　包山楚墓所出土戰國時期的楚國毛筆，其筆毫甚為細長達 3.5 公分。以郭店楚簡《老子》為例，其竹簡寬度約僅 0.6 公分，可以想見要在極窄的空間書寫文字並操控筆毫如此細長的毛筆並非易事，而其書法涵蘊豐富的點畫線條變化，且兼顧筆鋒使轉、縱橫移動、筆壓上下提按等動作，勁健富彈性的毛筆是關鍵要素之一，而抄寫人員之穩定度及精細度亦均須具佳，更須假以時日培訓練習，方能精熟勝任且達於游刃有餘之境。

　　仿照臨寫是研究戰國時代，瞭解接近在其時空背景條件下書法之實際書寫的狀況。嘗試以臺北蕙風堂所販售的「面相筆」中號，筆桿竹質，筆毛狼

毫，其長度與包山楚筆相當，長約 22.3 公分，筆毫約 2 公分，短於包山楚筆約 1.5 公分，使用一般市售之「吳竹墨汁」，仿製竹簡寬約 0.6 公分，簡長約 31 公分參照臨寫結果：

竹簡正（青）面：竹青表面光滑細緻，書寫時極為滑溜，無摩擦抵拒力，線條甚為光潔勻淨，無漲墨現象。

竹簡背面：較易漲墨，墨量較多時會因纖維毛細孔現象出現漲墨狀況，墨量適中時則不會，因此其墨汁之濃稠度宜適中，含水量不可過多；書寫時抵拒、摩擦力明顯，乾筆含墨量少時尤甚；此外，竹簡背面纖維粗且呈垂直走向，書寫前需加工打磨平整，否則書寫時會出現跳動類似宣紙褶痕之「節筆」（線條因褶痕處不著墨而出現類似竹節之狀）狀況。

經仿照臨寫，體會書寫所表現的書法線條發現，郭店楚簡《老子》甲、乙、丙本的傳抄書手其執筆方式大都皆是筆尖朝前、筆桿朝後，但其筆桿傾斜角度及筆尖指向並非一成不變，會隨著線條的走向作調整，而其筆法亦無定式，因此可表現出各種起止筆的形態及線條態樣，即使重複同走向其線條也很難完全相似，而其筆鋒揮灑範圍極小且有限，運筆僅使用到指與腕的微小動作，其間「精準地任意馳騁」包涵筆鋒使轉、縱橫移動、筆壓提按等精巧動作，相信郭店楚簡《老子》甲、乙、丙本五位傳抄者皆是是訓練有素、用筆嫻熟精煉的書法能手。

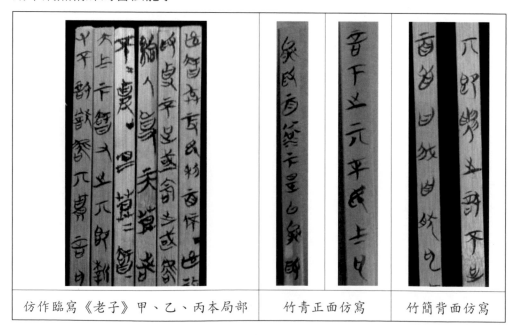

| 仿作臨寫《老子》甲、乙、丙本局部 | 竹青正面仿寫 | 竹簡背面仿寫 |

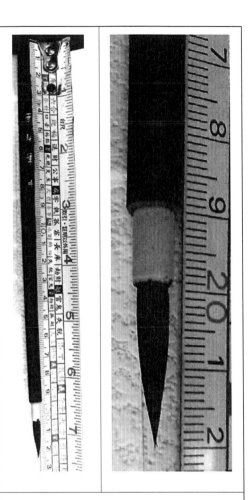

面相筆（中），長 22.3 公分，筆毫 2 公分

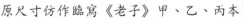

原尺寸仿作臨寫《老子》甲、乙、丙本

面相筆（中），筆毫直徑 0.3 公分

二、郭店楚簡《老子》甲、乙、丙本的書法藝術價值

（一）用筆與筆勢表現

各種書法風格樣貌皆是借由各種不同的用筆方式所展現出來的。由郭店楚簡《老子》甲、乙、丙本的書法藝術表現體察，其字體流美典雅、婉轉秀麗，用筆並無固定模式，主要特徵之一是參雜著正、側鋒用筆，其筆畫起筆十分強而有力，且行筆速度快而氣勢強勁。那種強勢而又帶有率意流美的風格中，共通的特性是在同一個筆畫內的粗細對比變化至巨，每位書寫者均是依照個人書寫習慣自由揮灑，某些筆畫也見狀似蝌蚪的線性表現，可謂「用筆多方」，其用筆表現大致可歸納為側鋒、折筆、雙折筆、轉筆、迴鋒、中鋒、頓筆、拖甩用筆、橫波筆法和隸書「雁尾」波磔等筆法。

而各類不同筆法的參融運行，其筆勢表現、走向和向背亦會有差異。分析楚簡《老子》書法的橫畫筆勢約可分為水平式、上仰式、下覆式、上翹式；豎畫筆勢為垂直式、左彎式、右彎式、Ｓ形式等；向背表現作向勢、背勢、順勢與逆勢等。

楚簡《老子》傳抄書手在書法極度的自由揮灑其間，其筆畫線質時見流露出貫通楷意的永字八法「側、勒、努、趯、策、掠、啄、磔」及斜鉤等筆法特性，同時兼具表現有起、止筆相呼應、筆畫間相映帶鉤連、筆斷意連及似斷還連游絲的行、草書特質。

（二）結字體勢的表現

楚簡《老子》書法字體結字的筆畫及部件大小、寬窄、疏密、位置、斜正等體勢變化甚極豐富，歸整其表現有上大下小、上寬下窄、上疏下密、上小下大、上密下疏、上（中）下疏密均等、左（中）右疏密均等、左大右小、左寬右窄、左小右大、左窄右寬、左疏右密、左密右疏、上下疏中間密、中間疏上下或左右密；此外尚有大反差的誇張體勢，如部件大小、筆劃粗細及部件位移等誇張表現。

（三）布字排列與行氣表現

郭店竹簡《老子》書法的字座並不因筆畫多字形大而大，反而因筆畫少且小的字形因周圍餘有空間視覺顯得字座較大，而字勢因受到簡寬的限制，字的橫向空間難以伸展，筆畫較多的字只能往縱向發展，因此字形體勢以縱

長者居多，不若無寬度限制的楚帛書字勢以橫勢較多，然而採橫向取勢的結字亦甚多見，其間亦有方正字形，縱長、橫扁與方正字形融合分布，甚富迭宕縱橫之變化，亦無「簡易草率」之感。

郭店楚簡《老子》的竹簡爲先編後寫，其篇幅章法的構成仍有可觀，其書法行列的空間屬於有行無列形式，外輪廓線看似較近「直柱式」，但文字的開闔變化主要受字形本身造形客觀影響。字勢中軸線偏向與持簡和執筆書寫的角度有關，字勢的偏向亦多隨筆畫的長短或走向或部件的位移，使字形的重心偏移而改變，因此，行氣連貫的脈動取決於字形的取勢動向，而上下的字勢左右擺蕩其中軸線可以連串者爲行氣連貫，中軸線連串的字數愈多其行氣愈佳。《老子》甲、乙、丙本布字排列與行氣表現分析如下：

1. 《老子》甲本

其布字間距疏密排列隨字形及書寫者意識作變化，整簡的字距富有疏密強弱變化；字形以縱勢最多，其次爲方形，橫勢最少；字座因字形筆畫多字形大而擁擠，而筆畫少且小的字形周圍餘空顯得字座較大；文字的造形以圓曲爲主，而其筆畫長短、部件位移與字本身的幾何造形等因素，使其外輪廓線較富變化；行氣脈絡連貫且有節奏性的變化；篇幅章法在每字獨立的篆書中，字形有大小、疏密、長短，線條有粗細、輕重，墨色潤燥相參，字態敧側多姿、饒富變化，呈現字距不等、各列不對齊，布字排列參差錯落如眾星羅列，極爲自然。

2. 《老子》乙本

竹簡略短於甲本 2 公分字數卻較少於甲許多，字距大於甲本，布字排列疏朗，其字形未因字距大而大或加長；字形方、扁、縱長皆有，布字排列富疏密變化；字形外輪廓線開闔律動性較甲本弱；書寫時執簡偏右，字形有左傾現象，各字中軸線向右延伸，行氣脈絡連貫性不及甲本；篇幅章法表現，布字排列寬鬆，字距不均等、字形大小、筆畫長短不一的共通性一致，雖是先編後書，但行列狀況也是「有行無列」，列的橫軸線行氣波動極大且不規則。

3. 《老子》丙本

字形以縱勢居多，橫勢次之，方形最少；字距布字排列與甲接近；字座分布排列較乙本緊密，較甲本略鬆；文字的開闔變化隨字形造形作變化；字形動勢取向的變化與甲本較接近，字勢中軸線擺蕩較均勻，行氣相較甲本略

弱，較乙本爲佳，書手的書法水準高；章法布字排列勻稱自然，列軸線呈現波浪狀、方折狀，波動甚不規則，字距疏密變化極大。

（四）大量使用通假字、古今字、異體字、省變或訛變

竹簡《老子》的文字屬於戰國古文，在其時代大量使用許多通假字、古今字、異體字，而文字亦有省變或訛變等字形狀況，其中「弗」字的造形獨異更是其他四系所未見，更有「同字同義而異構」的字形，例如：

1. 通假字

「無」作「亡」、「矣」作「壴」、「慎」作「誓」、「如」作「女)」、「欲」作「谷」、「輔」作「專」作「楠」、「物」作「勿」、「成」作「城」、「始」作「𢝊𢝊」「詞𢝊」、「難」作「戁𢝊」、「過」作「𨒅、迣」、「萬」作「薑」、「且」作「敨𣓀」、「然」作「狀」、「同」作「迵」、「聲」作「聖」等。

2. 古今字

「故」作「古」、「終」作「冬」、「恆」作「亙」等。

3. 異體字

「失」作「遊」、「一」作「罷」等。

4. 省變或訛變

「爲」作 𣁳、𣁳、𣁳、𣁳、𣁳 、「若」作 𣁳、「弗」作 𣁳 等。

5. 同字同義異構

「美」作 敨、𣁳、𣁳、𣁳 ，「奇」作 戜 𣁳、𣁳 等。

（五）書手的探討

分析比對竹簡《老子》甲、乙、丙本與同爲道家典籍的《太一生水》書法藝術表現，四者書風有別，其中甲本有三種書寫筆調，由三名書手輪流抄寫，乙、丙本及《太一生水》亦皆出自不同傳抄者的手筆。

四、對戰國古文及文字演進的認識

郭店楚簡《老子》文字形體屬於古文篆書，是秦兼併後所禁用的典型楚國文字，其書法風格特性與同時代的楚系書風不同。它與秦系文字雖然皆傳承自商周，但因地域文化風情不同，書法造形及用字秦、楚各異，楚系文字

形體奇特難識，設若漢字由楚系所傳承，相對秦系文字生澀狀況亦當如是。儘管楚系文字有其地域獨特性，但其文字傳承自商周，並非所有文字皆與其他六國或商周完全皆異，而是某些字爲楚系所獨有，某些字則仍與商周或秦、燕、齊、晉四系相同。

在簡、牘、帛書出土之前，長久以來對篆書形相的普遍認知是文字大小相等、筆畫長短齊整對稱、線條粗細勻稱一致，而所能見到的篆書幾乎皆是這類規整的刻、鑄於金石器銘之文字爲主流，它講求筆筆中鋒，左、右筆畫精確、嚴謹對稱，線條勻淨粗細變化不大，並且要等長、等高、等距，尤以秦傳小篆最爲明顯。

相較於嚴肅整飭一類的刻、鑄金石銘文，竹簡《老子》甲、乙、丙本及《太一生水》爲筆寫墨迹，充分表現毛筆書寫的天然筆性及手寫的自然貫性，其書法造形有大小長短、線條粗細變化、結字斜筆斜體且不均齊平行對稱、圓弧文字造形、篆字草寫筆斷意連等特色，而且書寫無定式筆法，線條率性自然，文字造形樸拙，書法活潑生動，神采飛揚。

在書法文字上，郭店楚簡《老子》具有非凡的時代背景與意義，極具學術研究價值，而且其文字可與傳世的《汗簡》、《古文四聲韻》裡所收錄的古文字形相對應，證明這二本書籍並非杜撰。

五、對書法創作的啓發

體察竹簡《老子》甲、乙、丙本及《太一生水》爲筆寫日常實用書法墨迹，具有「有大小長短、有粗細變化、有斜度，結字不一定均齊平行對稱」毛筆的天然筆性及以手執筆書寫的自然貫性特徵，與傳統以來對篆書普遍認知「文字大小相等、筆畫長短齊整對稱、線條粗細勻稱一致」的形相完全不同，其結體形式極可作爲篆書研究和創作的養料，而多數學者均認爲竹簡《老子》字形結構緊密，筆法精鍊，是先秦墨迹書法的傑作，且其獨樹一幟的南系書法風格亦是東周時期書法史寶貴史料的一環，國內近十幾年來各項重要獎項比賽以楚文字爲創作題材者儼然已爲主流，足見其極具研究與學習創作的藝術價值。

神秘、深奧、難識、造形圓弧是戰國楚系文字主要的結字特性，其字形與長期以來吾人所熟悉之秦系文字有顯著不同，但更重要的是在當時的時代背景大量使用通假字、假借字、古今字、異體字及省形字等是很普遍平常的

自然現象，學習或以楚系文字作爲創作題材當有此認識。在理解楚系文字有大量使用通假字的通性後，於書法創作時照搬引用與否是可以參酌的，例如聲假字「聖」可假借作「聲」，見楚簡《老子》甲本：「音聖（聲）之相和也，先後之相隨也。是以聖人居亡爲之事，行不言之教。」；又如「之」可假借作「治」，見楚簡《老子》甲本：「以正之（治）邦，以奇用兵。」；再如「攻」、「　（1.3.2）」可假借作「功」若直接將通假字引用至創作作品中極易造成識讀困擾。

　　筆者以爲與金文接近或相同的字形有依據可以對照直接引用較無爭議，例如「敗」字，楚簡作　（郭.老丙.12）形，金文作　（南疆鉦）形，「時」字，楚簡作　（郭.尊.32）、　（郭.太.4）形，甲骨文作　（新 1548）形、古陶文作　（3.797）形；而楚系所獨有或通見的字亦可直接引用，如「爲」字，　（郭.老甲.10）、　（郭.老丙.11）形、　（包 7）、　（包 232）形，「其」字　（郭.老乙.14）、　（包 2.91）等。

　　體察戰國中晚期的竹簡《老子》並擴及同時期同系、不同系與上下時代書法字形的演變及特色，雖非於短期間內可全面並深入瞭解，但對古文字多少已有較深認識和長進，且爲個人書法研究及創作提供依傍與養分。而體認「有大小長短、有粗細變化、有斜度，結字不一定均齊平行對稱是毛筆的天然筆性及以手執筆書寫的自然貫性特徵」，在掌握古文字豐富變化的書法特性，將之擷取運用在篆、隸書體的創作上是很傳統、有依據且正當，並能增進豐富書法的藝術性、變化性及可看性。

參考書目

一、基礎材料

1. 丁原植：《郭店老子釋析與研究》，台北：萬卷樓圖書出版，民國 87 年 9 月初版。

2. 于還素：《書道全集（第一卷，殷商秦）》，台北：大陸書店 民國 78 年 1 月 20 日再版發行。

3. 《上海博物館藏戰國楚竹書（一）、（二）、（三）、（四）、（五）、（六）、（七）、（八）》，上海：古籍出版社，2001 至 2011 年。

4. 《中國文字》，新 24 期，中國文字編輯委員會，台北：藝文印書館，民國 87 年 12 月初版。

5. 尹振環：《楚簡老子辨析——楚簡與帛書老子的比較研究》，北京：中華書局 2001 年 11 月。

6. 池田知久：《郭店楚簡老子研究》，日本：東京大學文學部中國思想文化學研究室，1999 年 11 月。

7. 谷口滿，〈郭店楚簡老子的作者和成書時代〉，日本：《第 44 屆國際東方學論文》，1999 年 6 月。

8. 李運富：《楚國簡帛文字構形系統研究》，湖南長沙：岳麓書社出版，1997 年 10 月第一版第一次印刷。

9. 杜忠誥：《說文篆文訛形釋例》，台北：文史哲出版社，民國 91 年 7 月。

10. 林進忠：《晴嵐論集》，（上）、（中）、（下），台北，國立台灣藝術學院，2001 年

11. 林進忠：〈新出土商周秦漢墨跡文字的篆隸筆法研究〉，國科會專題研究計畫案，2001 年 07 月。

12. 林進忠：〈唐代瞿令問的古文篆書〉，明道大學《唐宋書法國際學術研討會論文集》，169 頁，2010 年 11 月。

13. 張光裕:《郭店楚簡研究(第一卷‧文字編)》,台北:藝文印書館,1999年2月。

14. 《郭店楚簡研究(中國哲學第二十輯)》,中國哲學編輯部,遼寧教育出版社,1999年1月第一版第一次印刷。

15. 《郭店簡與儒學研究(中國哲學第二十一輯)》,遼寧教育出版社,2000年一月第一版第一次印刷。

16. 《郭店老子國際研討會論文集》,美國達慕思大學,1998年5月22~26日。

17. 《郭店楚簡國際學術研討會論文匯編(一、二冊)》,武漢大學,1999年10月15~18日。

18. 《郭店楚簡國際學術研討會論文集》,武漢大學,2000年5月,大陸湖北:湖北人民出版社。

19. 郭德維:《楚系墓葬研究》,武漢:湖北教育出版社,1995年7月第一版第一次印刷。

20. 陳鼓應:《道家文化研究(第十七輯)》,『郭店楚簡專號』,北京:生活、讀書、新知三聯書店,1999年8月。

21. 彭浩:郭店楚簡老子校讀》,湖北:人民出版社,2000年1月。

22. 荊門市博物館,《郭店楚墓竹簡》,北京:文物出版社,1998年5月第一版第一次印刷。

23. 湖南省博物館:〈長沙子彈庫戰國墓槨木〉,《文物》,1974年第2期。

24. 《清華大學藏戰國竹簡(一)、(二)、(三)》,大陸:中正書局,2010、2011、2012年。

25. 《楚帛書》,香港:中華書局1985年9月版。

26. 《戰國楚簡研究》,廣州:中山大學古文字研究室,1977年內部發行油印本。

27. 駢宇騫、段書安:《本世紀以來出土簡帛概述》,台北:萬卷樓圖書出版,民國88年4月初版。

28. 魏啓鵬:《楚簡老子柬釋》,台北:萬卷樓圖書出版,民國88年8月初版。

29. 轟中慶:《郭店楚簡老子研究》,北京:中華書局,2004年2月。

30. 饒宗頤、曾憲通:《楚地出土三種文獻研究》,北京:中華書局出版,1993年8月。

二、工具書

1. 丁福保:《說文解字詁林正補合編》,台北:鼎文書局,民國72年4月二版。

2. 王延林：《常用古文字字典》，上海：上海書畫出版社，1987 年 4 月。

3. 王力：《同源字典》，北京：商務印書館，1982 年 10 月第一版，1997 年 6 月北京第四次印刷。

4. 《汗簡古文四聲韻》，北京：中華書局出版，1982 年 11 月。

5. 何琳儀：《戰國古文字典》，北京：中華書局出版，1998 年 9 月第一版第一次印刷。

6. 宋、丁度編著：《集韻》，台北：學海出版社，民國 75 年 11 月初版。

7. 宋、陳彭年等重修、民國林尹校訂：《宋本廣韻》，台北：黎明文化，民國 65 年 9 月 20 日初版，民國 77 年 10 月 20 日十版。

8. 李孝定：《甲骨文字集釋》，台北：中央研究院歷史語言研究所，民國 80 年 3 月影印五版。

9. 容庚：《金文編》，北京：中華書局出版，1985 年 7 月一版 1996 年 8 月北京第 5 次印刷。

10. 《段氏說文解字注》，台北，文化圖書公司，民國 74 年 8 月 5 日。

11. 徐中舒：《甲骨文字典》，四川：四川辭書出版社，1995 年 5 月第一版第四次印刷。

12. 徐文鏡：《古籀匯編》，上海：上海書店出版社，1998 年 4 月第一版第一次印刷。

13. 徐無聞：《甲金篆隸大字典》，四川：四川辭書出版社，1991 年 7 月第一版 1996 年 7 月第四次印刷。

14. 徐無聞：《甲金篆隸大字典》，四川：四川辭書出版社，1991 年 7 月。

15. 高亨：《古字通假會典》，齊魯書社出版，1997 年 7 月一版二刷。

16. 高啓沃：《簡明通假字字典》，合肥：安徽教育出版社，1993 年 10 月第一版第一次印刷。

17. 《馬王堆漢墓帛書》，國家文物局古文獻研究室編，北京：文物出版社，1980 年 3 月第一版第一次印刷。

18. 郭若愚：《戰國楚簡文字編》，上海：上海書畫出版社，1994 年 2 月第一版第一次印刷。

19. 陳振裕、劉信芳：《睡虎地秦簡文字編》，湖北：人民出版社，1993 年 12 月第一版第一次印刷。

20. 張光裕、滕壬生、黃錫全：《曾侯乙墓竹簡文字編》，台北：藝文印書館，民 86 年元月初版。

21. 張光裕主編、袁國華合編：《包山楚簡文字編》，台北：藝文印書館，民國 81 年 11 月初版。

22. 張軍、劉乃淑：《古漢語多用通假字典》，長春：東北師範大學出版社，1992 年 12 月第一版第一次印刷。

23. 張桁、許夢麟：《通假大字典》，哈爾濱：黑龍江人民出版社，1993 年 4 月第一版，1998 年 4 月第一次印刷。

24. 張守中：《包山楚簡文字編》，北京：文物出版社，1996 年 8 月。

25. 曾憲通：《長沙楚帛書文字編》北京：中華書局，1993 年 2 月第一版第一次印刷。

26. 《漢語古文字字形表》，台北：文史哲出版社，民國 77 年 4 月再版。

27. 漢許慎撰、清段玉裁注：《說文解字注》，台北：天工書局印行，民國 76 年 9 月再版。

28. 劉興隆：《新編甲骨文字典》，台北：文史哲出版社，民國 86 年 3 月台一版。

29. 劉兆英：《元刻樓觀篆書本道德經碑》，陝西：陝西旅遊出版社，2003 年 10 月。

30. 滕壬生：《楚系簡帛文字編》，武漢：湖北教育出版社，1995 年 7 月第一版，1996 年 9 月第二次印刷。

31. 羅福頤：《古璽文編》，北京：文物出版社，1981 年 10 月第一版，1994 年 6 月第二次印刷。

32. 羅福頤：《古璽匯編》，北京：文物出版社，1981 年 10 月第一版，1994 年 6 月第二次印刷。

33. 饒宗頤、曾憲通：《楚帛書》，香港：中華書局香港分局出版，1985 年 9 月版。

三、典籍

（一）民國前著作

1. 王引之，《經義述聞》，四庫備要叢書（經部）， 台北：台灣中華書局出版，民國 59 年。

2. 《史記》，司馬遷撰、楊家駱主編之「中國學術類編」台北：鼎文書局 民國 68 年 11 月初版。

3. 朱駿聲：《說文通訓定聲》，台北：京華書局，民國 59 年 10 月初版。

4. 戴侗：《六書故》，四庫全書珍本，台北：台灣商務書局，民國 65 年。

5. 戴震：《大戴禮》，叢書集成初編，北京：中華書局出版，1985 年北京新一版。

（二）民國後著作

1. 孔仲溫：《類篇字義析論》，台灣：學生書局，民國 83 年 1 月初版。

2. 王力：《龍蟲並雕齋瑣語》，北京：中國社會科學出版社，1993 年。

3. 王彥坤：《古籍異文研究》，台北：萬卷樓圖書出版，民國 85 年 12 月初版。

4. 王慎行：《古文字與殷周文明》，西安：陝西人民教育出版社，1998 年 8 月第一版第二次印刷。

5. 全廣鎮：《兩周金文通假字研究》，台灣：學生書局，民國 78 年 10 月初版。

6. 朱德熙：《朱德熙古文字論集》，北京：中華書局出版，1995 年 2 月第一版。

7. 何琳儀：《戰國文字通論》，北京：中華書局出版，1989 年 4 月第一版第一次印刷。

8. 何耿鏞：《古代漢語的假借字》，福建：人民出版社，1989 年 1 月第一版第一次印刷。

9. 李學勤：《古文字學初階》，台北：萬卷樓圖書出版，民國 82 年 4 月初版二刷。

10. 周鳳五、林素清編著：《古文字學論文集》，台北：國立編譯館，民國 88 年 8 月初版。

11. 林慶勳、竺家寧、孔仲溫：《文字學》，台北：國立空中大學，民國 84 年 9 月初版。

12. 《簡帛佚籍與學術史》，台北：時報文化出版社，1994 年 12 月 20 日初版一刷。

13. 高明：《中國古文字學通論》，台北：五南圖書出版，民國 82 年 12 月初版一刷。

14. 《馬王堆漢墓帛書》，北京：文物出版社，1980 年 3 月第一版第一次印刷。

15. 張正明：《楚史》，武漢：湖北教育出版社，1995 年 7 月第一版第一次印刷。

16. 《第十屆中國文字學全國學術研討會》，逢甲大學中國文學系所、中華民國文字學學會，民國 88 年 4 月 24、25 日。

17. 章季濤：《怎樣學習說文解字》，台北：萬卷樓圖書出版，民國 83 年 6 月初版三刷。

18. 陳登原：《國史舊聞》，台北：明文書局，民國 73 年。

19. 陳新雄：《古音學發微》，台北：文史哲出版社，民國 61 年 1 月初版，民國 72 年 2 月三版。

20. 陳福濱主編：《本世紀出土思想文獻與中國古典哲學研究（上、下）》，台北：輔仁大學出版社，民國 88 年 4 月初版。

21. 許錟輝：《説文重文形體考》，文津出版社，民國 62 年 3 月出版。

22. 舒之梅、張緒球主編：《楚文化──奇譎浪漫的南方大國》，香港：商務印書館出版，1997 年 7 月第一版第一次印刷。

23. 曾榮汾：《字樣學研究》，台灣：學生書局，民國 77 年 4 月初版。

24. 黃季剛先生口述、黃焯筆記編輯：《文字聲韻訓詁筆記》，台北：木鐸出版社，民國 72 年 9 月 10 日初版。

25. 黃偉博：《韓非子通假文字考證》，高雄：高雄復文書局印行，民國 62 年 4 月初版，民國 67 年 7 月再版。

26. 裘錫圭著：《文字學概要》，台北：萬卷樓圖書出版，民國 84 年 4 月再版。

27. 《漢語史論集》郭錫良北京，商務印書館 1997 年 8 月第一版第一次印刷

28. 蕭璋：《文字訓詁論集》，北京：語文出版社，1994 年。

29. 錢存訓：《書於竹帛》，台北：漢美圖書出版社，1996 年 9 月初版。

30. 駱宜安：〈第六章文書證據〉，《警察百科全書（十二刑事鑑識)》，台北：正中書局，2000 年 1 月。

31. 嚴靈峰：《無求備齋老子集成初編（無求備齋據明刊正統道藏本景印）》，台北：藝文印書館。

32. 嚴靈峰：《馬王堆帛書老子試探》，台北：河洛圖書出版社，民國 65 年 10 月臺初版。

五、學位論文

1. 江柏萱：《竹帛書周易書法比較研究》，民國 101 年 06 月，國立臺灣藝術大學碩士論文。

2. 李泰瑋：《郭店楚墓竹簡書法探析》，國立臺灣藝術大學，民國 94 年 6 月。

3. 林素清：《戰國文字研究》，民國 73 年，台灣大學中文所博士論文。

4. 林雅婷：《戰國合文研究》，民國 87 年，中山大學中文系碩士論文。

5. 林宏明：《戰國中山國文字研究》，民國 86 年 5 月，政治大學中國文學系碩士論文。

6. 林清源：《楚國文字構形演變研究》，民國 86 年，東海大學中文系博士論文。

7. 許學仁：《先秦楚文字研究》，民國 67 年，台灣師範大學中文所碩士論文。

8. 姜元媛：《老子道德經版本的比較──以郭店楚墓竹簡為研探中心》，民國 88 年 1 月，淡江大學教育資料科學學系碩士論文。

9. 陳立：《楚系簡帛文字研究》，87 學年度，台灣師範大學國研所論文。

10. 陳月秋：《楚系文字研究》，民國 80 年，東海大學中文系碩士論文。

11. 劉釗：《古文字構形研究》，1991 年，吉林大學中國古文字學專業生博士論文。

六、期刊論文

1. 丁四新：〈略論郭店簡本老子甲乙丙三組的歷時性差異〉，《湖北大學學報（哲社版）》，1999 年第 26 卷第 2 期。

2. 丁原植：〈郭店竹簡老子的出土及其特殊意義〉，《國文天地》，1998 年第 14 卷第 2 期。

3. 丁原植、郭梨華：〈最老的老子——竹簡老子〉，《國文天地》，1999 年第 14 卷第 10 期。

4. 尹振環：〈郭店楚墓竹簡老子與老子之辨〉，《歷史月刊》，民國 89 年 2 月 5 日出刊。

5. 白于藍：〈郭店楚墓竹簡釋文正誤一例〉，《吉林大學》，社會科學學報，1999 年第 2 期。

6. 李零：〈「三一」考〉，《哲學與文化》，1999 年第 26 卷第 4 期。

7. 沈清松：〈郭店竹簡老子的道論與宇宙論——相關文本的解讀與比較〉，《哲學與文化》，1999 年第 26 卷第 4 期。

8. 邢文：〈郭店楚簡與國際漢學〉，《書品》，1998 年第 4 期。

9. 邢文、李縉雲：〈郭店老子國際研討會綜述〉，《文物》，1998 年第 9 期。

10. 周鳳五：〈楚簡文字瑣記（三則）〉，第一屆簡帛學術討論會，民國 88 年 12 月 10～12 日。

11. 林素清：〈論先秦文字中的「＝」符〉，《歷史語言所集刊》，第 56 卷第 4 期，民國 74 年 12 月。

13. 林素清：〈簡牘符號試論——從楚簡的符號談起〉，第一屆簡帛學術討論會，民國 88 年 12 月 10～12 日。

14. 季旭昇：〈讀郭店楚墓竹簡札記：卞、絕爲棄作、民復季子〉，《中國文字》，1998 年第 24 期。

15. 林進忠：〈漢簡識字書在文字與書法史上的重要意義〉，《第三屆金石書畫學術研討會論文集》，75～118 頁，國立高雄師範大學國文研究所刊印，1997 年 4 月。

16. 林進忠：〈曾侯乙墓出土文字的書法研究〉，《出土文物與書法學術研討會論文集》參，1～58 頁。中華書道學刊行，1998 年 10 月。

17. 林進忠：〈說文解字與六國古文書跡〉，國立台灣藝術學院《藝術學報》第六十三期，第 45～68 頁，1998 年 12 月。

18. 林進忠：〈戰國時代中山國出土文字的書法研究〉，國立台灣藝術學院《藝術學報》第六十二期，第 57～75 頁，1998 年 06 月。

19. 林進忠：〈青川木牘的秦篆形體析論〉，國立台灣藝術學院《藝術學報》第六十一期，第 17～39 頁，1997 年 12 月。

20. 姜廣輝，〈郭店楚簡與子思子——兼談郭店楚簡的思想史意義〉，《哲學研究》，1998 年第 7 期。

21. 袁國華：〈郭店楚簡文字考釋十一則〉，《中國文字》，1998 年第 24 期。

22. 袁國華：〈郭店竹簡「卲」「其」「卡」（下）考釋〉第十屆中國文字學全國學術研討會，1999 年 4 月 24～25 日。

23. 馬國權：〈戰國楚竹簡概述〉，《戰國楚簡研究》，1997 年第 5 期。

24. 馬國權：〈戰國楚竹簡文字略説〉，《戰國楚簡研究》，1997 年第 6 期。

25. 張立文：〈略論郭店楚簡的「仁義」思想〉，《孔子研究》，1999 年第 1 期。

26. 張桂光：〈郭店楚墓竹簡·老子釋注商榷〉，《江漢考古》，1999 年第 2 期。

27. 許抗生：〈初談郭店竹簡老子〉，《宗教哲學》，1998 年第 4 卷第 4 期。

28. 郭沂：〈從郭店楚簡老子看老子其人其書〉，《哲學研究》，1998 年第 7 期。

29. 陳偉：〈郭店楚簡別釋〉，《江漢考古》，1998 年第 4 期。

30. 陳麗桂：〈文本復原是一項長期艱鉅的工作〉，《湖北大學學報（哲社版）》，1999 年第 26 卷第 2 期。

31. 湖北省荊門市博物館：〈荊門郭店一號楚墓〉，《文物》，1997 年第 7 期。

32. 曾榮汾：〈異體字滋生之因試探〉，《孔孟月刊》，第 23 卷第 10 期。

33. 黃德寬、徐在國：〈郭店楚簡文字續考〉，《江漢考古》，1999 年第 2 期。

34. 黃錫全：〈楚系文字略論〉，《華夏考古》，1990 年第 3 期。

35. 莊萬壽：〈太一與水之思想探究——太一生水楚簡之初探〉，《哲學與文化》，1999 年第 26 卷第 4 期。

36. 廖名春：〈楚簡老子校詁（上）〉，《大陸雜誌》，1999 年第 98 卷第 1 期。

37. 廖名春：〈楚簡老子校詁（下）〉，《大陸雜誌》，1999 年第 98 卷第 2 期。

38. 葉海煙：〈太一生水與莊子的宇宙觀〉，《哲學與文化》，1999 年第 26 卷第 4 期。

39. 劉祖信：〈荊門楚墓的驚人發現〉，《文物天地》，1995 年第 6 期。

40. 劉澤亮：〈從郭店楚簡看先秦儒道關係的演變〉，《湖北大學學報（哲社版）》，1999 年第 26 卷第 2 期。

41. 蔡崇名：〈郭店楚墓竹簡之書法藝術與價值〉，1998 年書法學術研討會，1998 年 12 月 24～25 日。

42. 顏世鉉：〈郭店楚簡淺釋〉，《張以仁先生七秩壽慶論文集》。

43. 顏世鉉：〈郭店竹書校勘與考釋問題舉偶〉，《中央研究院歷史語言研究所集刊》，第七十四本，第四分，第 619～672 頁，2003 年 12 月。

44. 羅運環：〈郭店楚簡的年代、用途及意義〉，《湖北大學學報（哲社版）》1999 年第 26 卷第 2 期。

45. 羅運環：〈論楚國金文月、肉、舟及止、出的演變規律〉，《江漢考古》1989 年第 2 期。

46. 羅熾：〈郭店楚墓竹簡印象〉，《湖北大學學報（哲社版）》，1999 年第 26 卷第 2 期。

47. 龐樸：〈初讀郭店楚簡〉，《歷史研究》，1998 年第 4 期。

48. 躍進：〈振奮人心的考古發現——略說郭店楚墓竹簡的學術史意義〉，《文史知識》，1998 年第 8 期。

七、報刊

1. 〈上海博物館從香港買回戰國竹簡價值不凡〉，《中央通訊社》，1999 年 1 月 5 日新聞稿。

2. 〈中共對盜竊文物犯處極刑〉，《中央通訊社》，1996 年 7 月 1 日新聞稿。

3. 王壯爲：〈書法中圓銳方肥筆勢述略〉，刊香港《大成》71 期，14～15 頁。

4. 王壯爲：〈法書概述〉，刊《中國書畫 5・法書》128～143 頁，光復書局民國 70 年 10 月印行。

5. 左鵬：〈荊門竹簡《老子》出土的意義〉，《中國文物報》，1995 年 6 月 25 日。

6. 吳曉萍、卜憲群：〈二十世紀末簡牘的重大發現及其價值〉，《光明日報》1998 年 10 月 23 日第 7 版。

7. 〈湖北省出現古墓盜掘狂潮〉，《中央通訊社》，1995 年 1 月 20 日新聞稿。

8. 〈湖北荊州狠刹盜墓惡風〉《中國新聞社》1996 年 3 月 23 日。

9. 曹錦炎：〈簡評《郭店楚簡研究・文字編》〉，《中國文物報》，1999 年 6 月 30 日第 3 版。

10. 劉祖信、崔仁義：〈荊門竹簡《老子》並非對話體〉，《中國文物報》，1995 年 8 月 20 日。

11. 〈戰國竹簡問世，中國古史大驚奇〉，《中國時報》，民國 88 年 6 月 28 日第 11 版。

12. 〈戰國竹簡回流大陸，過程險奇〉《中國時報》民國 88 年 6 月 28 日第 11 版。

八、書法理論

1. 王秀雄：《美術心理學》，台北：台北市立美術館，1991 年。

2. 王壯爲：《書法叢談》，台北：國立編譯館中華叢書編審委員會，1982 年。

3. 包世臣：《藝舟雙輯》，台北：華正書局，民國 79 年刊印。

4. 《古文字研究》第二十四輯，北京：中華書局，2002 年。

5. 《印林》季刊第 97 期，台北：民國 85 年 3 月 25 日。

6. 朱履貞：《書學捷要》，嘉慶十三年刊本，收在清鮑廷博輯，男志祖續輯《知不足齋叢書》第二十四集，另見《歷代書法論文集文選》563 頁，華正書局，1997 年刊印。

7. 李瑞清：《玉梅花庵書斷》，收在《清道人遺集》28 頁，民國二十年排印本，列入「近代中國史料叢刊」第四十三輯，台北：文海出版社，民國五十五年至六十二年。

8. 李蕭錕：《書法空間藝術》，台北：石頭出版社， 2005 年 8 月。

9. 李霖燦：《藝術欣賞與人生》，台北：雄獅美術出版社，2000 年。

10. 林進忠：《認識書法藝術·篆書》，台北：國立台灣藝術教育館，1997 年。

11. 林進忠：《認識書法藝術·隸書》，台北：國立台灣藝術教育館，1997 年。

12. 林進忠：〈書法藝術·無聲之音，無形之相〉，《高雄市立美術館館藏書法精品展專輯》，第 14～41 頁，高雄市立美術館印行，2000 年 9 月。

13. 林進忠：〈書法的基本要件及其藝術創作發展的限制〉，《跨世紀書藝發展國際學研討會論文集》肆，1～24 頁，中華書道學會刊行，2000 年 10 月。

14. 姜夔：《續書譜》，收在盧輔聖主編《中國書畫全集》172 頁，上海書畫出版社，1993 年刊。

15. 康有爲撰：《廣藝舟雙楫》，台灣商務印書館，1979 年。

16. 陳方既著：《書法美學原理》，北京：華文出版社，2002 年。

17. 程代勒：《狂草風格之研究》，台北：台北市立美術館，1989 年。

18. 楊權喜：《楚文化》，北京：文物出版社，2000 年。

19. 潘伯鷹：《書法雜論》，收在《現代書法論文選》76 頁，華正書局，1990 年刊印。

20. 盧輔聖主編：《中國書畫全書》，上海：上海書畫出版社，1993 年刊。

21. 潘伯鷹著：《中國書法淺說》，台北：莊嚴出版社，1999 年。

22. 劉熙載撰：《藝概》，台北：華正書局，1988 年。

23. 董其昌撰：《畫禪室隨筆》，台北：廣文書局，1994 年。

24. 《歷代書法論文選》，上海：上海書畫出版社，1979 年。